ISRAËL
OU
CONNAÎTRE NOTRE IDENTITÉ

DESIRE K. MBAYO

ISRAËL
OU
CONNAÎTRE NOTRE IDENTITÉ

Rhema Publications
145-157 St John Street – London EC1V 4PW

ISRAËL OU CONNAÎTRE NOTRE IDENTITÉ
Copyright © Désiré K. Mbayo, 2013

TOUS DROITS RÉSERVÉS

Aucune partie de cette publication ne peut être reproduite sous aucune forme, par photocopie ou par tout moyen électronique ou mécanique, y compris par le stockage d'informations ou des systèmes de récupération, sans la permission écrite à la fois du propriétaire et l'éditeur de ce livre.

ISBN 978-0-9568487-9-6

Première publication en Grande-Bretagne en 2013 par
Rhema Publications Ltd,
Suite 15572 - Lower Ground Floor
145-157 St John Street – London EC1V 4PW

Imprimé en Grande-Bretagne

DÉDICACE ET REMERCIEMENTS

A toi mon fils Dan, avant ta venue au monde, ta mère et moi avions passé plus de sept ans de mariage sans enfant. La médecine nous avait déclaré tous deux stériles et qu'on ne pourrait jamais avoir des enfants. A cette nouvelle, nous avions seulement mit notre confiance en Dieu, Lui qui avait donné Isaac à Abraham. Il a finalement exaucé nos prières : toi et ta sœur Abigail, viendrez au monde. Quelle que soit la réalité et les circonstances de la vie, mets toujours ta confiance en Dieu, car Il finira toujours par honorer ta foi.

Je dédie ce livre à toi, ta sœur, ma charmante épouse Bijou et à tout le couples stériles à travers l'univers tout en vous disant que Dieu est capable. Comptez sur Lui et Il agira.

Je ne saurais terminer sans remercier mes parents dans la foi : le Révérend Pasteur Jean Bosco Kindomba et en particulier le Révérend Jacques Elbaz pour ses conseils, son amour et son investissement dans mon ministère ; mes frères et amis dans le service, le Révérend Pasteur Caleb Claude Lumbu, l'évêque Degaulle Elongama, Dr. Andres Salazaku, Apôtre Sebastien Ntela, Bishop Tosh Mulenga, Prophète Jean-Claude Mukendi, Prophète Miezi, Prophète Exaucé Guyguy Lungu, Apôtre Paul, Evangéliste Jose Lelo, Evangéliste Justin Zamba et tous mes enfants et collègues dans le Seigneur, sans oublier l'équipe de Rhema Publications pour le travail qu'ils ont fourni pour que ce rêve devienne une réalité.

SOMMAIRE

DÉDICACE ET REMERCIEMENTS 5

PREMIÈRE PARTIE : CONNAÎTRE NOTRE IDENTITÉ 11

INTRODUCTION 13

Chapitre 1 : PRESENTATION D'ISRAËL 21
1.1. Présentation historique et géographique 21
1.2. Selon la Bible. 24
1.3. Approche générale sur l'identité, la vie et la croissance d'Israël 28
    1.3.1. Israël, prince de Dieu ou lutteur avec Dieu et les hommes 28
    1.3.2. Israël, nom perpétué par la descendance de Jacob 29
    1.3.3. Israël : appellation courante lors des marches dans le désert 29

Chapitre 2 : VOCATION ET DESTINEE PROPHETIQUE D'ISRAËL 31
2.1. La signification du mot "hébreu" 34

Chapitre 3 : LA PROMESSE D'ISRAEL 41
3.1. La promesse, du grec *epaggelia* 42
3.2. Isaac, promesse et produit de Dieu 45
3.3. Jacob et Ésaü, promesse et produits de la prière à Dieu 48

Chapitre 4 : L'ALLIANCE, CONDITION POUR DEVENIR ISRAËL 53
4.1. Notion élémentaire sur l'alliance 53
4.2. La circoncision 58
4.3. La véritable signification de la circoncision 62

Chapitre 5 : LA DISPENSATION DE LA GRÂCE 65
5.1. Les mariages d'Abraham et de Jacob, symboles d'Israël et de l'Église 65
    5.1.1. Joseph symbole de Jésus. 72

Chapitre 6 : LA VIE D'ISRAËL ET DE L'EGLISE 77
6.1. Israël, l'ombre ou l'image de l'Église ? 77

Chapitre 7 : L'EGYPTE ET SES EXPERIENCES 81
7.1. L'Egypte et les raisons de ses expériences 81

7.2. Le temps de l'abondance	83
7.3. Le temps de l'esclavage	84
7.4. Le temps de la délivrance	94
7.4.1. La Libération d'Israël	*94*

Chapitre 8 : L'EXODE PROPHETIQUE D'ISRAËL — 103
8.1. La conduite dans le désert est sous la direction de Dieu — 104
    8.1.1. Dieu est le conducteur : — *104*
    8.1.2. Dieu choisit un chemin détourné au lieu d'un raccourci — *105*
8.2. Le parcours et les transitions — 107
    8.2.1. Premier obstacle : la Mer Rouge — *108*
    8.2.2. Deuxième obstacle : le désert — *111*
    8.2.3. Troisième obstacle : la faim — *114*
    8.2.4. Quatrième obstacle : la soif — *116*
    8.2.5. Cinquième obstacle : les guerres — *119*
    8.2.6. Sixième obstacle : la maladie — *121*
    8.2.7. Septième obstacle : l'idolâtrie — *123*

Chapitre 9 : CANAAN OU LA TERRE PROMISE — 129
9.1. Origine de Canaan ou Chanaan. — 129
9.2. Caractéristiques de Canaan — 131
9.3. Pays partagé au sort dans la vieillesse de Josué — 132
9.4. La conquête, une décision personnelle — 133
9.5. La paresse est à bannir — 134
9.6. Le pays de Canaan se donne progressivement — 136
9.7. Conclusion typologique ou prophétique — 140

DEUXIEME PARTIE : PORTRAITS PROPHÉTIQUES D'ISRAËL — 141

INTRODUCTION — 142

Portrait 1 : L'ORIGINE OU LA CRÉATION D'ISRAËL EST PROPHÉTIQUE — 145

Portrait 2 : LE NOM D'ISRAËL, UN MIRACLE — 149

Portrait 3 : ISRAËL, ÉTAT PROPHÉTIQUE A CAUSE DE SA CAPITALE. — 153

Portrait 4 : ISRAËL, NATION PROPHÉTIQUE OÙ DIEU A ACCOMPLI SON PLAN DE REDEMPTION — 159

Portrait 5 : SURVIVANCE DE L'ANCIEN ISRAËL — 163

Portrait 6 : CARACTÈRE PROPHÉTIQUE DE SA DISPERSION ET DE SA SOUFFRANCE 167

Portrait 7 : ISRAËL, NATION PROPHÉTIQUE À CAUSE DE SA PROTECTION DIVINE 171

Portrait 8 : ISRAËL, NATION PROPHÉTIQUE À CAUSE DE SA PREMIÈRE RESTAURATION 175

Portrait 9 : ISRAËL, NATION PROPHÉTIQUE À CAUSE DE SA RESTAURATION FINALE 181

Portrait 10 : ISRAËL, ÉTAT PROPHÉTIQUE À CAUSE DES ÉVÉNEMENTS PASSÉS, PRÉSENTS ET FUTURS 191

Portrait 11 : ISRAËL, ÉTAT PROPHÉTIQUE À CAUSE DE SON SALUT 199

Portrait 12 : ISRAËL, ÉTAT PROPHÉTIQUE À CAUSE DE SA GLOIRE FUTURE 203

PREMIÈRE PARTIE

CONNAÎTRE NOTRE IDENTITÉ

Introduction

Partant de l'origine de la Création, nous allons essayer de démontrer le désir de Dieu d'habiter parmi les hommes, comment cette expérience avait échoué dans le Jardin d'Eden, et les raisons de cet échec. Comment et pourquoi Dieu a choisi Abraham ; comment la bénédiction a régné au sein d'une famille qui, à un moment donné, fuyant la famine de la Canaan se rendit en Egypte et après quatre cents ans, est revenue comme une nation ; le séjour en Egypte, la délivrance, les erreurs commises au cours du voyage vers la Terre Promise, et les qualités inhérentes à cette famille, ce peuple, sans oublier la manifestation de la puissance de Dieu dans leurs vies. Après cette étude ou cette lecture, nous tâcherons de comprendre pourquoi ce Dieu, trois fois saint et grand, pendant plus de six millénaires, a toujours entretenu une relation étroite avec les hommes faillibles, comme vous et moi, et pourquoi Il a toujours été pour eux, pendant une période donnée, leur Dieu, leur Père, leur Roi.

Le but de cette étude est d'instruire, d'expliquer la manière dont Dieu traite avec l'homme, car Israël fut utilisé par Dieu comme un outil didactique par lequel les élus de Dieu devaient tirer l'instruction nécessaire afin d'établir une bonne relation avec Lui. En effet, le choix d'Israël l'a été à cause de l'amour de Dieu et non à cause d'une qualité ou d'une capacité spéciale de ce peuple qui est justement devenu spécial à cause d'un Dieu spécial, ce qui nous laisse comprendre que si l'attachement d'un peuple à Dieu l'a rendu supérieur, nous devons nous attacher à Dieu.

> Car tu es un peuple saint pour l'Eternel, ton Dieu ; l'Eternel, ton Dieu, t'a choisi, pour que tu fusses un peuple qui lui appartînt entre tous les peuples qui sont sur la face de la terre. Ce n'est point parce que vous surpassez en nombre tous les peuples, que l'Eternel s'est attaché à vous et qu'il vous a choisis, car vous êtes le moindre de tous les peuples. Mais, parce que l'Eternel vous aime, parce qu'il a voulu tenir le serment qu'il avait fait à vos pères, l'Eternel vous a fait sortir par sa main puissante, vous a délivrés de la maison de servitude, de la main de Pharaon, roi d'Egypte (Deutéronome 7:6-8).

Israël a servi de matériel didactique à l'Église car tout ce que ce peuple a vécu physiquement n'était que l'ombre de ce que l'Église devait vivre spirituellement ; de ce fait, la postérité d'Abram va profiter d'un statut privilégié.

> Or, tout ce qui a été écrit d'avance l'a été pour notre instruction, afin que, par la patience, et par la consolation que donnent les Ecritures, nous possédions l'espérance (Romains 15:4).
>
> Ne devenez point idolâtres, comme quelques-uns d'eux, selon qu'il est écrit : Le peuple s'assit pour manger et pour boire ; puis ils se levèrent pour se divertir. Ne nous livrons point à l'impudicité, comme quelques-uns d'eux s'y livrèrent, de sorte qu'il en tomba vingt-trois mille en un seul jour. Ne tentons point le Seigneur, comme le tentèrent quelques-uns d'eux, qui périrent par les serpents. Ne murmurez point, comme murmurèrent quelques-uns d'eux, qui périrent par l'exterminateur. ***Ces choses leur sont ar-***

rivées pour servir d'exemples, et elles ont été écrites pour notre instruction, à nous qui sommes parvenus à la fin des siècles (1 Corinthiens 10:7).

J'aimerais expliciter mon propos en ces mots pour une bonne compréhension : prenons l'exemple d'une famille qui accepte de devenir cobaye d'une expérience médicale ou d'un vaccin contre le Sida (HIV). Si par elle le vaccin est trouvé, son expérience qui ouvrira la voie à une vie noble sans contredit, octroiera aussi à cette famille beaucoup de privilèges.

Autour de cet enseignement, nous comprendrons donc beaucoup de choses nous concernant en tant que peuples, serviteurs et fils de Dieu : notre citoyenneté, notre état ainsi que nos droits et nos devoirs car l'ignorance est considérée comme un péché si on a la possibilité de connaître. Dans toute société moderne, nous savons que l'ignorance n'a jamais été une excuse. Ainsi le prophète Osée dira : "Mon peuple est détruit par manque de connaissance." Demeurer sans connaissance peut être considéré comme un gâchis, une énorme perte d'énergie et de temps ; ainsi ignorer la richesse de notre continent, de notre pays, de notre maison, de notre femme, notre mari ou de nos enfants c'est ignorer nos propres potentialités.

Parfois nous voyons les gens aller chercher ailleurs ce qui, en vérité, se trouve tout près d'eux. En d'autres termes, l'ignorant est comparé à un aveugle sans guide, cherchant son bâton, alors que celui-ci est à côté de lui. L'aveugle peut se cogner plusieurs fois, gaspiller son temps, voire même soupçonner d'autres personnes d'avoir déplacé son bâton. C'est ainsi que dans cette génération, tout le monde cherche des excuses à ses échecs soit dans sa famille, le gouvernement, les sorciers, les amis et les ennemis, au lieu de d'abord se remettre en question, paramètre qui devrait nous servir de tremplin pour comprendre et trouver des solutions. En effet, on peut toujours se remettre en question, de chercher à dégager notre responsabilité voire de connaître notre capacité. Cependant, en choisissant de rester ignorant, on s'expose à une sorte de manipulation qui, du fait de leur irresponsabilité, pousse certaines personnes à imputer leurs propres échecs à d'autres. Comment peut-on prétendre être chrétien dans ce cas ?

Une fois, Dieu s'apprêtait à exterminer toute l'assemblée d'Israël du fait de leur méchanceté et à garder Moïse uniquement. Et, étant un Dieu qui pardonne et qui oublie (surtout quand l'ennemi veut exploiter nos fautes et nos faiblesses pour nous détruire), Il intervient toujours parce qu'Il n'est pas seulement notre Dieu mais aussi notre Père, notre Roi, notre Protecteur. C'est pourquoi la Bible nous dit que, lorsqu'à l'approche d'Israël, Balak eut peur et essaya de corrompre Balaam afin qu'il puisse maudire Israël, ce dernier regardant au Nord, au Sud, à l'Est et à l'Ouest, ne vit que les quatre bannières du campement d'Israël. Finalement, il déclara que "Dieu n'a trouvé aucune faute en Israël" et "que même l'occultisme, la divination ainsi que la sorcellerie ne pouvaient rien contre ce peuple."

Quelle horreur, donc, aujourd'hui : l'Église est remplie d'individus qui ne connaissent rien de leur relation avec Dieu, rien de leur propre puissance, rien de la puissance de Dieu mais ils en savent plus sur les démons et les sorciers ! De nos jours, on a des journées entières de culte pour écouter les témoignages d'un sorcier ou d'un magicien dans l'Église ; les enseignements ont pris d'autres directions, au lieu de prêcher la foi en Jésus Christ. De nombreuses églises donnent désormais des leçons de parapsychologie, de psychologie, d'économie, de philosophie, tandis que la puissance du Saint-Esprit est troquée contre l'hypnose ou l'hypnothérapie. Par conséquent, l'Église d'aujourd'hui est remplie de peureux, d'hommes sans foi, bien que la Bible nous dise que la bataille n'est pas nôtre mais celle de Dieu. En lisant ce livre, vous remarquerez qu'Israël est vraiment une petite nation qui a été conservée jusqu'à ce jour parce qu'elle a mis sa confiance en Dieu, de la même manière que vous, malgré votre taille, votre provenance ou votre race. J'aimerais faire un chemin avec vous, à travers ces pages, pour que vous puissiez comprendre que le Dieu d'Israël est également votre Dieu. Si Hitler et les Romains n'ont pas réussi à détruire ce peuple, rien non plus ne saura vous détruire. Si vous puisez cette connaissance et devenez un peuple d'alliance, vous profiterez de ce même statut.

> Mais à tous ceux qui l'ont reçue, à ceux qui croient en son nom, elle a donné le pouvoir de devenir enfants de Dieu (Jean 3:12).

Cet enseignement fut le premier que j'eus à préparer dans ma vie ministérielle mais aussi le premier que mon épouse m'a entendu prêcher. Il s'est enrichi au fil du temps et constitue l'un des enseignements que j'ai reçu sous forme de vision par le Saint-Esprit ; et par cet enseignement, Dieu a permis un réveil spirituel en Angola et, au travers de mon ministère, dans d'autres parties du globe. Assurément, cet enseignement me donne l'espérance et affermit ma foi au jour le jour. Si cela se produit dans ma vie, sans aucun doute, j'ose croire qu'en lisant ce livre chacun sortira béni, fortifié et affermi dans la connaissance du Dieu vivant. Certes, avec l'âge dans le ministère, les voyages et les études, cet enseignement a connu plusieurs modifications car la première fois que j'ai écrit quelques notes à ce sujet c'était en 1996. Depuis, le Seigneur a mis dans mon cœur la grande charge d'en faire un ouvrage, afin de bénir le corps du Christ. J'ai donc la ferme conviction que ce n'est pas un hasard si vous ouvrez les pages de ce livre aujourd'hui ou si vous traversez une période de crise ou encore si vous voulez savoir davantage sur cette petite nation au milieu du désert qui se trouve au centre de tous les conflits dans le monde actuel ; si vous voulez connaître et enrichir votre relation avec Dieu et accéder aux promesses qui en découlent, page après page, vous serez restauré et la gloire de Dieu se manifestera incontestablement dans votre vie.

Chapitre I
PRESENTATION D'ISRAËL

1.1. Présentation historique et géographique

Situé dans le Moyen-Orient, Israël est un état entouré de plusieurs états ennemis et compte plus d'une cinquantaine d'années d'indépendance. Selon l'histoire, le 14 Mai 1948, Israël a été reconnu comme 'état'. Le vieux drapeau avec l'étoile de David flotte pour toujours à l'endroit où Dieu avait positionné Abraham et sa postérité.

La position géographique d'Israël représente la vie et la position de la vie chrétienne telle que Jésus l'exprime dans le livre de Matthieu lorsqu'il dit "qu'il nous a laissé comme des brebis au milieu des loups." En effet, une telle position nous incite à avoir un comportement conséquent en vue de pouvoir échapper à nos ennemis. La prudence du serpent et la simplicité de la colombe sont évoquées, néanmoins nous savons une chose : celui qui a dit : "soyez prudents" a aussi dit que, quand même vous serez livrés, ne vous inquiétez pas parce que tout ce que vous aurez à dire vous sera dicté à l'heure même par le Saint-Esprit, ce qui veut dire que, dans cette situation, on ne doit pas compter sur nos propres capacités mais l'on doit mettre notre confiance en Dieu, car la Bible le dit : "La bataille, elle n'est pas nôtre mais à Dieu." Et, malgré la présence des ennemis qui nous environnent, nous ne pouvons que compter sur la puissance de Dieu. C'est ainsi qu'Israël n'a jamais été vaincu, malgré l'hostilité de ses voisins, non pas du fait de sa force, mais parce que celui qui a placé Israël à cet endroit est fort et invincible. Il s'appelle l'Eternel Dieu des armées.

> Voici, je vous envoie comme des brebis au milieu des loups. Soyez donc prudents comme les serpents, et simples comme les colombes. Mettez-vous en garde contre les hommes ; car ils vous livreront aux tribunaux, et ils vous battront de verges dans leurs synagogues ; vous serez menés, à cause de moi, devant des gouverneurs et devant des rois, pour servir de témoignage à eux et aux Païens. Mais, quand on vous livrera, ne vous inquiétez ni de la manière dont vous parlerez ni de ce que vous direz : ce que vous aurez à dire vous sera donné à l'heure même ; car ce n'est pas vous qui parlerez, c'est l'Esprit de votre Père qui parlera en vous (Matthieu 10:16-20).

Les Israélites constituent l'un des peuples les plus anciens à subsister alors que de nombreux peuples ont disparu. Bien que les Juifs ne représentent qu'une petite portion de la population mondiale, on les retrouve dans plusieurs domaines (l'art, la science, le commerce, la philosophie, la littérature, etc.). Divers peuples ont combattu les Juifs au fil du temps (les Babyloniens, les Perses, les Moabites, les Romains, etc.). Certains leaders les ont combattus et détruits quelques-uns d'entre eux (Nabuchodonosor, Hitler, Mussolini…). Toutefois, quiconque combat Israël finit toujours par disparaître d'une manière ou d'une autre, tandis qu'Israël reste imbattable et immortel, conformément à la promesse de Dieu.

> O Dieu, ne reste pas dans le silence ! Ne te tais pas, et ne te repose pas, ô Dieu ! Car voici, tes ennemis s'agitent, Ceux qui te haïssent lèvent la tête. Ils forment contre ton peuple des projets pleins de ruse, Et ils délibèrent contre ceux que tu protèges. **Venez, disent-ils, exterminons-les du milieu des nations, Et qu'on ne se souvienne plus du nom d'Israël !** Ils se concertent tous d'un même cœur, Ils font une alliance contre toi (Psaumes 83:1-6).

Cette prophétie s'est accomplie en Octobre 2005, lorsque le président Iranien Mahmoud Ahmadinejad a déclaré qu'il avait le désir "d'effacer Israël de la carte du monde." Cette résolution est commune à quelques nations ou à certains hommes ligués contre Israël. Pour bien comprendre le combat d'Israël face à ses ennemis, il suffit de rapprocher l'acharnement de vos ennemis qui s'activent autour de vous. Quelle que soit la manière dont vous vous comportez, vous pouvez être ou ne pas être bon ou gentil, ils trouveront toujours quelque chose pour vous calomnier ou pour vous accuser même pour des choses vraies, car tout ce dont on nous accuse n'est pas toujours faux ! Néanmoins quelqu'un m'a dit un jour : qui accusera les élus de Dieu ?

Sans conteste, les gens se concertent en toute simplicité ; les ennemis font des alliances pour nous effacer, nous détruire. Gloire soit rendue à Dieu car s'Il est pour nous qui sera contre nous ? S'Il protège, personne ne peut détruire ; s'Il ferme, nul ne peut ouvrir ;

s'Il bénit, personne ne peut maudire. Celui qui garde Israël ne sommeille ni ne dort au-delà de toutes ces choses et Il fait de ses élus la prunelle de Son œil. C'est dire que, quel que soit notre position géographique ou historique sur le plan spirituel ou physique, si l'on est l'élu de Dieu, mille peuvent tomber à notre droite et dix mille à notre gauche, on ne sera jamais atteint, et pendant que vous lisez ces lignes s'il y a de l'adversité dans votre vie physique ou spirituelle, sachez que Dieu vous donnera certainement la victoire car ceci est une prophétie pour vous et votre famille.

> Car l'Eternel rachète Jacob, Il le délivre de la main d'un plus fort que lui (Jérémie 31:11).

Ainsi donc le positionnement, l'emplacement physique ou historique ne peuvent pas influencer notre vie lorsque notre positionnement spirituel est en Christ. La Bible déclare que "Les lionceaux éprouvent la disette et la faim, Mais ceux qui cherchent l'Eternel ne sont privés d'aucun bien" (Psaume 34:11).

1.2. Selon la Bible.

Israël, 'Prince de Dieu', est un lutteur, vainqueur des hommes et de Dieu. Selon Genèse 32:28, il est écrit "Il dit encore : ton nom ne sera plus Jacob, mais tu seras appelé Israël ; car tu as lutté avec Dieu et avec des hommes, et tu as été vainqueur."

Israël est un lutteur et la lutte est régie par des lois et des principes, et dans ces principes on parle de catégories. En tant qu'homme, Israël s'est battu contre les hommes et a obtenu sa victoire. Quand il était avec son frère, Ésaü, il a réussi à prendre sa bénédiction prédite par Dieu à la prière de leur maman, pendant ses douleurs de grossesse. Dieu avait promis que le plus grand sera assujetti au petit. Cette promesse s'est accomplie ; mais, la maman était prête à porter la malédiction si son plan ne marchait pas comme prévu et si jamais Isaac reconnaissait Jacob. Ce comportement de la maman n'était ni du favoritisme aveugle ni le fait qu'elle n'aimait pas son fils Ésaü. En fait, elle voulait obéir à la Parole de Dieu au lieu de suivre la tradition des hommes. Très souvent, nous faisons tellement des choses bien selon le monde mais l'on ne sait pas le faire selon Dieu. Il y a des choses bien selon nos familles mais pas selon Dieu. Ce que nous faisons peut être bon selon nos coutumes, nos tribus ou notre gouvernement. Mais si cela est contre la volonté de Dieu, personne n'en profitera.

La mère savait que la bénédiction de Jacob était préférable à la tradition des hommes ; elle était donc profitable pour tous, même pour Ésaü et pour la famille, car seule la bénédiction de l'éternel enrichit et ne s'en suit d'aucun chagrin. Jacob s'était battu contre son oncle ou son beau-père, il en était sorti vainqueur ; il avait aussi combattu Dieu à Peniel durant toute la nuit, et vers l'aurore

Dieu ne pouvait pas se lâcher de ses mains. Aussi, au petit matin, Il changea son nom et l'appela Israël tout en le bénissant.

Nul ne peut combattre Dieu et vaincre sauf Israël. Ce n'était pas Jacob qui avait combattu, mais c'était la promesse que Dieu avait faite à la mère de Jacob qui avait combattu contre Dieu ; car Dieu ne change jamais ce qu'Il a déclaré, et comme Il le dit : "je ne suis pas un homme pour vous mentir ni un fils d'un homme pour se repentir." Personne ne peut combattre Dieu. Seule Sa parole (promesse) le peut car Sa Parole c'est Lui-même. Il faut opposer Dieu contre Lui-même en disant 'IL EST ECRIT.' Avant l'aube, Dieu finit par changer notre nom, notre identité comme Il le fit pour Jacob : "tu n'es plus Jacob (supplanteur, menteur) mais tu es devenu prince de Dieu, quelqu'un qui peut se battre pour sa bénédiction." C'est pourquoi Il dit : "si vous demeurez dans ma parole et que mes paroles demeurent en vous demandez tout ce que vous voudrez je vous le donnerai." Dieu ne permettra jamais que vers le matin, les gens découvrent votre manquement, vos faiblesses mais Il fera en sorte que vous puissiez changer votre identité tout en vous brisant la hanche qui est le symbole d'une personne bénie mais qui vit dans l'humilité, et dont la perte est sa marque.

> ...qui sont Israélites, à qui appartiennent l'adoption, et la gloire, et les alliances, et la loi, et le culte, et les promesses et les patriarches, et de qui est issu, selon la chair, le

> Christ, qui est au-dessus de toutes choses, Dieu béni éternellement. Amen ! (Romains 9:4-5)

Paul résume en ces termes les grâces insignes accordées au peuple élu : A lui "appartiennent l'adoption, et la gloire, et les alliances, et la loi, et le culte, et les promesses, et les patriarches, et (de lui) est issu, selon la chair, le Christ, qui est au-dessus de toutes choses, Dieu béni éternellement." Jamais nous ne serons assez reconnaissants envers Israël de nous avoir donné les deux tiers de notre Bible, et par-dessus tout, la connaissance du vrai Dieu et notre Sauveur Jésus Christ ; et, ne l'oublions pas, "le salut vient des Juifs" a dit Jésus :

> Vous adorez ce que vous ne connaissez pas ; nous, nous adorons ce que nous connaissons, car le salut vient des Juifs (Jean 4:22).

Cela nous permet de rappeler qu'avant d'être appelés Israël, Dieu désignait les Juifs sous divers autres appellations.
- Dans Exode 5:1, Mon Peuple
- Dans Exode 1:15, Hébreux
- Dans Psaumes 33:12, Peuple choisie de Dieu
- Dans 1Samuel 29, Israélites
- Dans Esther 8:16, Juifs (2 Rois 16:6), voir Bible, dictionnaire/Laudia 18e siècle avant JC.

Note : Le monde est formé de différentes nations et peuples mais la Bible les subdivise en trois grands groupes qui sont :
- Les Juifs
- Les Gentils (Païens et communément appelés par l'église primitive 'les Grecs', à savoir toutes les nations à l'exception d'Israël)
- L'Eglise

Revenons à l'origine de ce peuple. Après plusieurs expériences manquées avec les hommes, Dieu appela un homme par qui Il allait avoir une nation et un peuple, par lequel Il parlerait à Sa création (transmission de la loi et de la grâce…), un peuple par lequel on pourrait identifier Son amour, Sa puissance et Sa gloire, un peuple horloge et référence, un peuple par lequel on Lui rendrait culte.

1.3. Approche générale sur l'identité, la vie et la croissance d'Israël.

1.3.1. Israël, prince de Dieu ou lutteur avec Dieu et les hommes.

Israël est le nom donné à Jacob lors de son retour en Mésopotamie, au moment où il avait franchi le torrent de Yabboq et après sa lutte avec l'ange à Peniel.

> Il les prit, leur fit passer le torrent, et le fit passer à tout ce qui lui appartenait. Jacob demeura seul. Alors un homme lutta avec lui jusqu'au lever de l'aurore. Voyant qu'il ne pouvait le vaincre, cet homme le frappa à l'emboîture de la hanche ; et l'emboîture de la hanche de Jacob se démit pendant qu'il luttait avec lui. Il dit : Laisse-moi aller, car l'aurore se lève. Et Jacob répondit : Je ne te laisserai point aller, que tu ne m'aies béni. Il lui dit : Quel est ton nom ? Et il répondit : Jacob. Il dit encore : **ton nom ne sera plus Jacob, mais tu seras appelé Israël** ; car tu as lutté avec Dieu et avec des hommes, et tu as été vainqueur. Jacob l'interrogea, en disant : Fais-moi je te prie, connaître ton nom. Il répondit : Pourquoi demandes-tu mon nom ? Et il le bénit là. Jacob appela ce lieu du nom de Peniel : car,

dit-il, j'ai vu Dieu face à face, et mon âme a été sauvée (Genèse 32:23-30).

1.3.2. Israël, nom perpétué par la descendance de Jacob

L'ensemble des descendants de Jacob, quelle que soit l'époque, portait déjà ce nom du vivant de leur père :

> Et les fils de Jacob revenaient des champs, lorsqu'ils apprirent la chose ; ces hommes furent irrités et se mirent dans une grande colère, parce que Sichem avait commis une infamie **en Israël**, en couchant avec la fille de Jacob, ce qui n'aurait pas dû se faire (Genèse 34:7).

1.3.3. Israël, appellation courante lors des marches dans le désert

> Il les reçut de leurs mains, jeta l'or dans un moule, et fit un veau en fonte. Et ils dirent : **Israël** ! Voici ton dieu, qui t'a fait sortir du pays d'Egypte (Exode 32:4).

> Maintenant, Israël, écoute les lois et les ordonnances que je vous enseigne. Mettez-les en pratique, afin que vous viviez, et que vous entriez en possession du pays que vous donne l'Eternel, le Dieu de vos pères (Deutéronome 4:1).

> Moïse et les sacrificateurs, les Lévites, parlèrent à tout **Israël**, et dirent : **Israël**, sois attentif et écoute ! Aujourd'hui, tu es devenu le peuple de l'Eternel, ton Dieu (Deutéronome 27:9).

On les appelait plus volontiers 'Enfants d'Israël'. Jusqu'à la mort de Saül, ces deux expressions 'Israël' et 'Enfants d'Israël', prises dans un sens national, englobaient l'ensemble des Hébreux sans distinction de tribus. Mais diverses raisons, en particulier géographiques, tendaient déjà à séparer Juda du reste d'Israël. Cette différenciation était effectivement reconnue bien avant la scission en deux royaumes :

> Saül en fit la revue à Bézek ; **les enfants d'Israël** étaient trois cent mille, et **les hommes de Juda trente mille** (1 Samuel 11:8).

> Et les **hommes d'Israël et de Juda** poussèrent des cris, et allèrent à la poursuite des Philistins jusque dans la vallée et jusqu'aux portes d'Ekron. Les Philistins blessés à mort tombèrent dans le chemin de Schaaraïm jusqu'à Gath et jusqu'à Ekron (1 Samuel 17:52).

> ...mais tout **Israël** et **Juda** aimaient David, parce qu'il sortait et rentrait à leur tête (1 Samuel 18:16).

Tant que dura la monarchie unique, on maintint l'usage du terme général 'Israël' : Salomon régna quarante ans à Jérusalem sur tout Israël (1 Rois 11:42).

Chapitre II
VOCATION ET DESTINEE PROPHETIQUE D'ISRAËL.

'Vocation' et 'appel' viennent du verbe grec *kaleô* qui signifie appeler, faire venir (*klêsis* = appel). Tant dans l'Ancien Testament que dans le Nouveau Testament, Dieu appelle, c'est-à-dire qu'Il invite Ses enfants à Le suivre.

> C'est par la foi qu'Abraham, lors de sa vocation, obéit et partit pour un lieu qu'il devait recevoir en héritage, et il partit sans savoir où il allait (Hébreux 11:8).

Cependant, il y a beaucoup d'appelés (du grec *klêtoi*) mais peu d'élus (Matthieu 22:14) car les élus sont ceux qui répondent à l'appel de Dieu dans la foi et l'obéissance. Il est important de souligner que la vocation n'est pas seulement un appel au salut mais aussi au service. Citons les exemples de Moïse et d'Esaïe.

Quand Dieu nous appelle, Il manifeste de Son amour envers nous par Son choix ; ensuite c'est par la capacité et la disponibilité que Dieu trouve en l'homme pour accomplir Sa mission qu'Il travaille avec les hommes. Ecoutez et répondez, si jamais aujourd'hui vous entendez l'appel de Dieu, comme le dit Samuel : "Seigneur parle, ton serviteur t'écoute" ; Il vous parlera, Il est un Dieu qui parle, qui bouge, et il est capable d'accomplir de grandes choses. Mais, comme Il a créé l'homme à Son image, Il lui a aussi laissé la responsabilité et la capacité d'accomplir Sa mission. Ainsi pour restaurer Sa communion avec Sa création, Dieu appellera Abraham.

La vocation d'Israël est d'être le peuple élu, suscité après le triple échec du Jardin d'Eden, du déluge et de Babel (Genèse 2:11) afin d'apporter au monde la Révélation divine et le Sauveur promis. Le désir de Dieu a toujours été d'habiter parmi les hommes (Emmanuel) et d'être adoré par eux. Cette expérience a manqué avec Adam et s'est toujours révélée sans succès toutes les autres fois que Dieu l'a tentée (souvenons-nous de Noé, Loth, etc.). Pourtant Dieu voulait se choisir un peuple parmi lequel Son nom serait invoqué. Un peuple dont Il ferait un royaume de sacrificateurs, un peuple qu'Il utiliserait pour proclamer Ses oracles, un peuple qui, si l'on veut identifier ou chercher à connaître Dieu, serait une référence et un modèle, car il suffirait de le regarder ; Dieu voulait un peuple qui serait en mesure de transmettre la connaissance de ce grand Dieu aux autres peuples, et surtout qui pourrait reconquérir l'homme pour Dieu parce que Son souhait est que l'homme mauvais se convertisse et que personne ne soit privée de Sa gloire. Il désire que tout le monde soit sauvé et parvienne à la connaissance de la vérité.

> Ce que je désire, est-ce que le méchant meure ? dit le Seigneur, l'Eternel. N'est-ce pas qu'il change de conduite et qu'il vive ? (Ezéchiel 18:23).

> Cela est bon et agréable devant Dieu notre Sauveur, qui veut que tous les hommes soient sauvés et parviennent à la connaissance de la vérité (1 Timothée 2:3-4).
>
> De même, ce n'est pas la volonté de votre Père qui est dans les cieux qu'il se perde un seul de ces petits (Matthieu 18:14).

Cette soif ardente de sauver est également illustrée par les paraboles de Luc 15 ainsi que la manifestation de son amour inconditionnel :

> Car Dieu a tant aimé le monde qu'il a donné son Fils unique, afin que quiconque croit en lui ne périsse point, mais qu'il ait la vie éternelle. Dieu, en effet, n'a pas envoyé son Fils dans le monde pour qu'il juge le monde, mais pour que le monde soit sauvé par lui (Jean 3:16-17).

Lorsqu'Il appelle Abraham, Dieu lui promet trois grandes choses :

a) qu'il possédera pour toujours un pays ;
b) que ses descendants seront une nation privilégiée ;
c) qu'ils deviendront le canal d'une bénédiction universelle.

> L'Eternel dit à Abram : Va-t'en de ton pays, de ta patrie, et de la maison de ton père, dans le pays que je te montrerai. Je ferai de toi une grande nation, et je te bénirai ; je rendrai ton nom grand, et tu seras une source de bénédiction. Je bénirai ceux qui te béniront, et je maudirai ceux qui te maudiront ; et toutes les familles de la terre seront bénies en toi. Abram partit, comme l'Eternel le lui avait dit, et Lot partit avec lui. Abram était âgé de soixante-quinze ans, lorsqu'il sortit de Charan. Abram prit Saraï, sa femme, et Lot, fils de son frère, avec tous les biens qu'ils possédaient et les serviteurs qu'ils avaient acquis à Cha-

ran. Ils partirent pour aller dans le pays de Canaan, et ils arrivèrent au pays de Canaan (Genèse 12:1-5).

Dieu a toujours utilisé les hommes pour parler aux hommes. Il appela donc Abraham et lui ordonna de quitter sa patrie, sa nation et sa famille pour se rendre sur l'autre rive de l'Euphrate. En traversant ce fleuve, Abraham est devenu d'office un Hébreu et la première personne à être appelée de la sorte. Donc, il est le père des Hébreux et déjà au quatorzième chapitre du livre de la Genèse, il était appelé ainsi :

> Un fuyard vint l'annoncer à **Abraham,** l'Hébreu ; celui-ci habitait parmi les chênes de Mamré, l'Amoréen, frère d'Eschcol et frère d'Aner, qui avaient fait alliance avec Abram (Genèse 14:13).

2.1. La signification du mot "Hébreu"

'Hébreu' vient du mot *Habar* = Pâques (passe à l'autre rive) car Abraham était parti de l'Ur pour l'autre rive de l'Euphrate. Dans l'extrapolation typologique, on comprend que chaque fois que Dieu nous appelle à changer de monde comme nous le disons souvent, nous quittons un côté pour un autre. Nous devenons donc des Hébreux lorsque nous obéissons à la voix de Dieu. Un Hébreu c'est une personne qui vient de l'autre rive : de la mort à la vie, du péché à la sanctification, de la malédiction à la bénédiction, de la condamnation à la justification, de la haine à l'amour...

De même, quand Dieu voudrait faire de nous une source de bénédictions, Il nous ramène toujours d'une rive à l'autre. Selon l'histoire, Abraham habitait un royaume (l'Empire Babylonien) rempli d'idolâtrie, de magie et de toutes sortes de puissances occultes et des comportements contraires à la volonté de Dieu ou du Royaume de Dieu. Dieu nous ordonne de traverser d'abord (*abar*) et d'aller sur l'autre rive, afin de faire de nous une source de bénédictions. Ceci a un prix, et l'appel de Dieu n'a pas de valeur comparable. Quand Il nous ordonne de quitter notre famille, notre patrie, notre confort ou notre sécurité, nos arguments, et même la royauté (cas de Moïse), c'est par amour pour nous et des grandes choses qu'Il nous réserve.

Pour pouvoir traiter avec Dieu, l'homme doit quitter son égo, se défaire de son moi. Bien souvent, cela ne s'avère pas facile parce que l'homme a toujours peur de nouvelles expériences, même quand cela est pour son bien-être, et naturellement, parce que l'homme désire toujours contrôler les choses à venir. Dans la plupart des cas, il refuse le changement et avorte la saison. Je me rappelle quand je devais quitter l'Afrique pour m'installer en Europe, bien qu'ayant tous les documents en bonne et due forme, je passais des nuits blanches à essayer de me représenter l'Europe. Alors la peur remplissait mon cœur : la tristesse de quitter ma famille, mes amis, ma maison et mes parents grandissaient et cela devenait presqu'insoutenable. Pareillement, pour une fille qui est sur le point de se marier. Quand elle tombe amoureuse d'un garçon, elle va l'amener chez ses parents. Cependant, alors qu'approche le jour du mariage, le garçon et la fille sont enclins à passer des nuits blanches dans l'inquiétude et des questionnements quant à leur future vie de couple. Pourtant, la Bible déclare que "l'homme quittera sa famille." Bibliquement, cela semble être une bénédiction. Mais avant son départ, la femme a toujours peur, ses parents également. Le déplacement, tout comme le changement, n'est pas souhaitable, néanmoins j'aimerais vous dire que vous ne pouvez prétendre obtenir à des résultats différents en faisant toujours la même chose ou en ayant les mêmes habitudes, le même comportement. L'une des clefs de la réussite, c'est d'échanger les mauvaises habitudes ou attitudes contre les meilleures, les mauvais amis contre les bons, même si vous avez grandi dans un même quartier. Vous devez partir à l'autre rive quand vous entendez cette petite voix qui vous ordonne d'abandonner vos habitudes, de quitter un endroit, de vous délier d'une relation. Davantage si vous vous apercevez que ces relations, ces endroits et ces habitudes ne vous mènent à rien, vous devez tout quitter au nom de Jésus Christ. Assurément, il y a des choses, des endroits et des personnes qu'on doit abandonner pour partir à l'autre rive. Lorsque l'on sera à l'autre rive, c'est alors qu'on entendra la voix de

Dieu. Abraham a tout abandonné à l'écoute de la voix de Dieu. Il lui est arrivé d'abandonner son neveu Loth. Parfois cela peut s'avérer pénible.

Je me souviens d'un ami qui rencontrait toujours des problèmes à cause de son cousin. Alors, un jour je lui avais demandé pourquoi il ne se séparait pas de lui. Il m'avait répondu que certaines choses l'en empêchaient, notamment le fait que, dans le passé, lorsqu'il avait des difficultés, ce cousin lui était venu en aide, mais à présent il était devenu méconnaissable. Je lui dis qu'il devrait s'en débarrasser. Il me rétorqua qu'il ne le pouvait le faire car le passé le rattrapait à chaque fois, le liant aux bienfaits passés de son cousin auxquels il pensait sans cesse. Effectivement, beaucoup ne progressent pas parce qu'ils veulent être loyaux envers des relations inutiles. Certains femmes ont perdu leur mariage parce qu'elles ne voulaient pas quitter une amie dont le mari ne voulait pas la présence. Elles ont par conséquent mis en péril la paix et l'entente de la famille pour d'une relation dont elles avaient peine à se délier.

De même, lorsque l'appel de Dieu est fort, nous devrions devenir des Hébreux car il n'y a pas de prix à payer. Cet appel manifeste l'amour incomparable de Dieu pour nous. Notre mission consiste à sauver l'humanité, mais pour le savoir il faut partir, il n'y a rien de plus coûteux dans ce monde que cela. Moïse a abandonné son palais royal. Le Pharaon lui avait laissé la vie sauve alors que tous les garçons de son âge mourraient. De quoi lui être reconnaissant et rester auprès de lui, mais comme pour Moïse, quand la voix de Dieu se fait entendre et que Son amour s'éveille dans notre cœur, rien ne peut nous empêcher d'aller à l'autre rive.

> Les grandes eaux ne peuvent éteindre l'amour, Et les fleuves ne le submergeraient pas ; Quand un homme offrirait tous les biens de sa maison contre l'amour, Il ne s'attirerait que le mépris (Cantiques 8:7).

Moïse refusa d'être appelé le petit-fils du roi et accepta la bergerie de Jétro ; Abraham quitta sa famille... mais quand Dieu nous appelle à traverser, à tout quitter ou à changer de monde, Il ne s'arrête pas là parce que son objectif est de faire de nous une référence, Son peuple qu'Il veut glorifier en vue de marquer notre génération. N'ayez pas peur du changement : c'est la source d'élévation et du succès. Tout ce que vous désirez se trouve à l'autre rive.

> Il relève le faible de la poussière et tire le pauvre du tas d'ordures, pour les faire asseoir avec les princes et leur attribuer la place d'honneur. Car au SEIGNEUR sont les colonnes de la terre, sur elles il a posé le monde (1 Samuel 2:8).

Dieu relève de la poussière au soleil parce que nous sommes prédestinés à cela, mais Il doit d'abord nous préparer pour le soleil et à la grandeur ; Il nous appelle si nous sommes obéissants à Sa voix. Il nous rend justes, nous lave avant de nous glorifier et nous faire asseoir parmi les grands. Dieu peut prendre un bouvier et le faire roi d'une nation, Il peut prendre une prostituée et en faire une femme mariée, voire même Sa servante. Cependant, il faut savoir qu'entre la poussière et la table des grands il y a un temps de transition que la Bible appelle la justification. David avait été appelé pour être roi mais avant cela, il devait devenir l'ami du prince Jonathan, gendre du roi, il devait jouer de la guitare dans le palais royal ; tout cela pour se familiariser avec les attitudes et les habitudes d'un roi, avec l'exercice de son pouvoir, pour parfaire son éducation au sein du palais royal.

> Nous savons, du reste, que toutes choses concourent au bien de ceux qui aiment Dieu, de ceux qui sont appelés selon son dessein. Car ceux qu'il a connus d'avance, il les a aussi **prédestinés** à être semblables à l'image de son Fils, afin que son Fils fût le premier-né entre plusieurs frères. Et ceux qu'il a **prédestinés**, il les a aussi **appelés** ; et ceux qu'il a appelés, il les a aussi **justifiés** ; et ceux qu'il a justifiés, il les a aussi **glorifiés**. Que dirons-nous donc à l'égard de ces choses ? Si Dieu est pour nous, qui sera contre nous ? (Romains 8:28-31).

Si donc vous entendez Sa voix aujourd'hui, n'hésitez pas, Il vous veut du bien :

> Dieu fixe de nouveau un jour-aujourd'hui-en disant dans David si longtemps après, comme il est dit plus haut : aujourd'hui, si vous entendez sa voix, n'endurcissez pas vos cœurs (Hébreux 4:7).

> Par la puissance de Dieu qui nous a sauvés, et nous a adressé une sainte vocation, non à cause de nos œuvres, mais selon son propre dessein, et selon la grâce qui nous a été donnée en Jésus Christ avant les temps éternels (2 Timothée 1:9).

Néanmoins, rappelons que Dieu ne nous appelle pas parce que nous sommes saints, ou à cause de nos œuvres mais parce qu'Il nous aime et qu'Il manifeste Son amour pour nous. Une fois appelés, nous devons chercher à être tel qu'Il nous recommande d'être, c'est-à-dire, comme Lui :

> Mais, puisque celui qui vous a appelés est saint, vous aussi soyez saints dans toute votre conduite (1 Pierre 1:15).

En bref, on devient peuple ou fils de Dieu par Son appel et par Sa grâce, mais certainement pas à cause de nos œuvres.

Chapitre III

LA PROMESSE D'ISRAEL

Lorsque Dieu appela Abram, Il dut le justifier d'abord : Il changea son identité, sa manière de faire, de penser et de concevoir les choses. Il changea 'Abram' en 'Abraham' et fit une alliance avec lui.

> Voici mon alliance, que je fais avec toi. Tu deviendras père d'une multitude de nations. On ne t'appellera plus Abram ; mais ton nom sera Abraham, car je te rends père d'une multitude de nations. Je te rendrai fécond à l'infini, je ferai de toi des nations ; et des rois sortiront de toi. J'établirai mon alliance entre moi et toi, et tes descendants après toi, selon leurs générations : ce sera une alliance perpétuelle, en vertu de laquelle je serai ton Dieu et celui de ta postérité après toi. Je te donnerai, et à tes descendants après toi, le pays que tu habites comme étranger, tout le pays de Canaan, **en possession perpétuelle, et je serai leur Dieu.** Dieu dit à Abraham : Toi, tu garderas mon alliance, toi et tes descendants après toi, selon leurs générations... Dieu dit à Abraham : Tu ne donneras plus à Saraï, ta femme, le nom de Saraï ; mais son nom sera **Sara**. Je la bénirai, et je te donnerai d'elle un fils ; je la bénirai, et elle deviendra des nations; des rois de peuples sortiront d'elle. Abraham tomba sur sa face ; il rit, et dit en son cœur : Naîtrait-il un fils à un homme de cent ans ? Et Sara, âgée de quatre-vingt-dix ans, enfanterait-elle ? Et Abraham dit à Dieu : Oh ! Qu'Ismaël vive devant ta face ! Dieu dit : Certainement Sara, ta femme, t'enfantera un fils ; et tu l'appelleras du nom d'Isaac. J'établirai mon alliance avec lui comme une alliance perpétuelle pour sa postérité après lui (Genèse 17:4-9, 15-19).

Dieu fit une promesse perpétuelle à Abraham et comme Dieu aime et honore Ses promesses, Il lui donna un signe comme alliance à la promesse qu'Il lui fit.

3.1. La promesse, du grec *epaggelia*

Dans la Bible, la promesse est une sorte d'alliance, de convention ou d'engagement qui a des effets positifs pour le bénéficiaire. La promesse est une prophétie dont l'homme fidèle est sûr de voir l'accomplissement. La promesse de Dieu est infaillible car lui seul détient le vouloir qui est égal à Son pouvoir. Il fait ce qu'Il veut, où Il veut et la Bible Le reconnaît comme le Maître du temps et des circonstances :

> Je sais que l'Eternel est grand, Et que notre Seigneur est au-dessus de tous les dieux. Tout ce que l'Eternel veut, il le fait, Dans les cieux et sur la terre, Dans les mers et dans tous les abîmes (Psaumes 135:5-6).

Cependant, les promesses humaines restent souvent aléatoires, soumises aux circonstances et aux changements d'humeur. Elles peuvent aussi être faites avec des motifs peu avouables. Les hommes mal intentionnés font des promesses pour tirer profit des autres. Ainsi, Haman vola de l'argent dans les coffres royaux en promettant au roi de lui verser une somme considérable en échange de la promesse de faire périr les Juifs :

> Et Mardochée lui raconta tout ce qui lui était arrivé, et lui indiqua la somme d'argent qu'Haman avait promis de livrer au trésor du roi en retour du massacre des Juifs (Esther 4:7).

Dieu a promis à l'homme de le maintenir en bonne santé, de le protéger, de lui donner une postérité, des biens et le bonheur s'il tient les obligations de l'alliance (l'alliance de la promesse qui se trouve dans Ephésiens 2:12 : "que vous étiez en ce temps-là sans Christ, privés du droit de cité en Israël, étrangers aux alliances de la promesse, sans espérance et sans Dieu dans le monde"), car dans l'Ancien Testament, Dieu a posé, pour beaucoup de Ses promesses, des conditions que l'homme doit remplir. Nous devons reconnaître que la bénédiction divine est liée à l'obéissance du peuple :

> Si tu obéis à la voix de l'Eternel, ton Dieu, en observant et en mettant en pratique tous ses commandements que je te prescris aujourd'hui, l'Eternel, ton Dieu, te donnera la supériorité sur toutes les nations de la terre. Voici toutes les bénédictions qui se répandront sur toi et qui seront ton partage, lorsque tu obéiras à la voix de l'Eternel, ton Dieu... Mais si tu n'obéis point à la voix de l'Eternel, ton Dieu, si tu n'observes pas et ne mets pas en pratique tous ses commandements et toutes ses lois que je te prescris aujourd'hui, voici toutes les malédictions qui viendront sur toi et qui seront ton partage (Deutéronome 28:1-2, 15).

Parfois, la reconnaissance et l'accomplissement des vœux conditionnent l'exaucement des prières :

...car, pour ce qui concerne toutes les promesses de Dieu, c'est en lui qu'est le oui ; c'est pourquoi encore l'Amen par lui est prononcé par nous à la gloire de Dieu. Ainsi Dieu promit à Abram et conçut une alliance. Nous savons que cette alliance est valable pour toute la race humaine (2 Corinthiens 1:20).

Dieu a fait six grandes promesses à Abraham:

1. D'être le Père de nations (Père de la foi).
2. La fécondité et la royauté à l'infini.
3. L'alliance de sa divinité à toute sa postérité à perpétuité.
4. Canaan donné à sa postérité à perpétuité.
5. Son nom et celui de sa femme changent (Abraham & Sarah).
6. La naissance mystérieuse d'Isaac né de parents très âgés.

L'alliance offerte à Abraham (Genèse 15:18) est solennellement confirmée à tout Israël rassemblé au Sinaï. Par ailleurs, en regardant cette série des promesses faites par Dieu, nous verrons que la promesse de Dieu se diffère de celle de l'homme car elle finit toujours par s'accomplir. Bien qu'étant devenu vieux et ne goûtant plus au plaisir de la vie, et bien que sa femme eût atteint l'âge de la ménopause, le Dieu qui appelle à l'existence les choses qui n'existent pas comme si elles existent, Celui qui a le pouvoir de restaurer, qui donne des enfants aux femmes stériles, celui au-devant de qui rien n'est impossible utilisa Abraham et Sara comme les instruments pour produire une grande nation.

3.2. Isaac, promesse et produit de Dieu

Isaac fut un produit de Dieu car Abraham et Sara étaient avancés en âge et désespérés. J'aimerais vous dire que s'il y a des choses qui ne marchent pas dans votre vie ou qui paraissent stériles : l'église qui ne fonctionne pas, les affaires qui stagnent, etc... Parfois Dieu se tait dans notre vie ; le silence ou le calme de Dieu ne sont pas synonymes d'absence. Dieu nous laisse souvent arriver à la fin, afin que Son action suscite unanimement notre confessions que Dieu seul a agi, sans intervention de la main de l'homme, car, Il ne partage jamais Sa gloire avec les médecins ou qui que ce soit. Soyons assurés que "le silence de Dieu confirme son existence, son calme manifeste sa divinité." Aussi, lorsqu'il se tait c'est alors qu'il devient réel, et un homme sans assurance, et sans puissance ne peut jamais garder silence pendant les événements difficiles. Comme Dieu n'est jamais en reste, rien ne peut l'empêcher de rembobiner cette séquence du film qui nous laisse paraître que nous sommes en train de perdre. Il rectifie la séquence en question, ce qui parfois renforce notre trouble. La Bible nous dit pourtant qu'Il fait monter les hommes contre nous, qu'Il nous fait passer par le feu mais quand Il nous tire de là, Il nous donne l'abondance : Il est le Dieu de la restauration, celui qui remplace toujours les années manquantes. Par ces écrits, je ne vous demande pas d'ignorer la médecine ; cependant, il y a des choses que seul Dieu peut accomplir. Lorsque vous êtes au bout de vos forces, que la science vous condamne et que la plupart des gens vous disent plus de salut pour vous, sachez une chose : Dieu commencera bientôt à agir, car là où notre sagesse et notre connaissance s'arrêtent, Son intelligence commence et Il fait toujours les choses qui étonnent. L'exemple d'Abraham et Sarah doit justement vous démontrer que notre Dieu est capable de beaucoup de choses. Ainsi la Bible nous apprend que tout ce qui a été écrit d'avance l'a été pour notre instruction. Si les exemples de la manifestation divine au travers des âges ne sont pas suffisants pour vous, sachez tout de même que Dieu guérit encore aujourd'hui, Il continue de changer les conditions de vie de beaucoup des personnes. Ne laissez pas vos inquiétudes vous rendre malade ou vous amener à la mort ! Vous n'avez pas non plus le droit de vous suicider. Ne mourrez pas avant que votre temps "soit", car Dieu s'appelle "Je suis." On a besoin d'être avant d'avoir... Dieu peut tout !

> Je sais que l'Eternel est grand, Et que notre Seigneur est au-dessus de tous les dieux. Tout ce que l'Eternel veut, il le fait, Dans les cieux et sur la terre, Dans les mers et dans tous les abîmes (Psaumes 135:5-6).

Dieu est capable de beaucoup de choses. Même si ce temps paraît stérile, croyez seulement que Dieu fera quelque chose qui surpassera votre entendement. Je ne crois pas au hasard, c'est pourquoi je pense qu'en lisant cet ouvrage, même si vous êtes athée, ayez la foi que quelque chose se passera dans votre vie par la main de Dieu et vous saurez qu'Il est toujours vivant. Voilà pourquoi quand nous étions encore pécheurs, Christ est mort pour nous. Il nous a aimés et nous a appelés ; quand Abram fut appelé par Dieu, il ne savait rien de Lui ; Abram connaissait uniquement ses propres expériences occultes, mais Dieu connaissait Abram de la même manière qu'Il vous connaît ; et si jamais vous êtes stérile ou si votre femme ou encore un membre de votre famille l'est, j'aimerais vous dire que Dieu peut vous donner des enfants. Il en est capable. La mère de Samuel avait reconnu que Dieu pouvait 'Samuéler' ou exaucer les stériles.

> L'arc des puissants est brisé, Et les faibles ont la force pour ceinture. Ceux qui étaient rassasiés se louent pour du pain, Et ceux qui étaient affamés se reposent ; Même la stérile enfante sept fois, Et celle qui avait beaucoup d'enfants est flétrie (1Samuel 2:4-5).

> Abraham et Sara étaient vieux, avancés en âge : et Sara ne pouvait plus espérer avoir des enfants. Elle rit en elle-même, en disant : Maintenant que je suis vieille, aurais-je encore des désirs ? Mon seigneur aussi est vieux (Genèse 18:11-12).

Abraham et Sarah n'étaient pas insensés. Ils étaient tous les deux conscients de leur âge avancé ; humainement, il n'y avait aucun espoir, à l'exception de la promesse de Dieu. Depuis ce jour-là, Dieu fait rire le monde à cause des Juifs, un petit peuple.

Comment est-ce possible ? On peut bien rire mais après, lorsqu'on pense à la promesse, on se dit que rien n'est impossible pour Dieu. Il accomplit toujours ce qu'Il promet. Même si la promesse tarde à se réaliser, patientez, elle s'accomplira. Joseph a attendu treize ans pour voir la promesse s'accomplir dans sa vie. Dieu ne ment pas comme un homme, il a fini par donner des enfants à Abraham !

> L'Eternel **se souvint** de ce qu'il avait dit à Sara, et **l'Eternel accomplit** pour Sara ce **qu'il avait promis**. Sara devint enceinte, et elle enfanta un fils à Abraham dans sa vieillesse, au temps fixé dont Dieu lui avait parlé. Abraham donna le nom d'Isaac au fils qui lui était né, que Sara lui avait enfanté (Genèse 21:1-3).

Par le miracle de la naissance d'Isaac, nous avons un riche enseignement de la doctrine du salut chrétien qui permet de comprendre la théologie de Paul, car en parlant d'Abraham et de son fils Isaac, il a voulu démontrer que la naissance d'Isaac n'était pas produite par les capacités humaines, mais par un miracle de Dieu, exactement comme se passe toute nouvelle naissance. Isaac est donc le premier produit fini de Dieu bien qu'il hérite de la stérilité dans sa famille par son père.

3.3. Jacob et Ésaü, promesse et produits de la prière à Dieu

> Isaac implora l'Eternel pour sa femme, **car elle était stérile**, et l'Eternel l'exauça : Rebecca, sa femme, devint en-

ceinte. Les enfants se heurtaient dans son sein ; et elle dit : S'il en est ainsi, pourquoi suis-je enceinte ? Elle alla consulter l'Eternel. Et l'Eternel lui dit : Deux nations sont dans ton ventre, et deux peuples se sépareront au sortir de tes entrailles ; un de ces peuples sera plus fort que l'autre, et le plus grand sera assujetti au plus petit. Les jours où elle devait accoucher s'accomplirent ; et voici, il y avait deux jumeaux dans son ventre. Le premier sortit entièrement roux, comme un manteau de poil ; et on lui donna le nom d'**Ésaü**. Ensuite sortit son frère, dont la main tenait le talon d'Ésaü ; et on lui donna le nom de **Jacob** (Genèse 25:21-26).

Isaac était âgé de soixante ans, lorsque ses fils naquirent. Aussi, par la stérilité de Rebecca, on comprend qu'Ésaü et Jacob sont aussi deux produits finis de Dieu comme l'était Isaac lui-même. Très souvent, dans la Bible, Dieu se sert de la stérilité de la femme pour faire naître un enfant porteur d'une destinée prophétique et particulière, un enfant signe et présage. La stérilité ne vient pas de Dieu. Elle est souvent attribuée à l'œuvre des sorciers et du monde des ténèbres. Lorsqu'elle est permise par Dieu, les enfants qui naissent ont toujours un dessein particulier avec Dieu, à l'exemple de Samuel, Samson, Jean-Baptiste etc…

> Mais il donnait à Anne une portion double ; car il aimait Anne, que l'Eternel avait rendue stérile (1 Samuel 1:5).
>
> Il y avait un homme de Tsorca, de la famille des Danites, et qui s'appelait Manoach. Sa femme était stérile, et n'enfantait pas. Un ange de l'Eternel apparut à la femme, et lui dit : Voici, tu es stérile, et tu n'as point d'enfants ; tu deviendras enceinte, et tu enfanteras un fils (Juges 13:2-3).

J'invite donc toute femme stérile qui tombera sur ce texte à comprendre que Dieu donne des enfants à ceux qui les désirent. Il suffit d'avoir la foi. Je témoigne de ce que Dieu a fait dans mon ministère ainsi que dans ma propre vie car j'ai vécu pendant sept ans un mariage sans enfant, et les médecins nous avaient annoncé qu'il nous était impossible d'avoir des enfants. Mais, gloire soit rendue à Dieu : en plaçant notre confiance en Lui, aujourd'hui nous avons deux enfants : un garçon et une fille.

Isaac pria Dieu pour que sa femme puisse concevoir (peut-être que son père lui avait raconté l'histoire de sa mère ou d'un bien-aimé qui avait une épouse stérile). J'aimerais inciter ou encourager les maris qui se trouvent dans cette situation à prier pour leurs épouses au lieu de les haïr ou de chercher ailleurs alors que Dieu peut tout.

> L'arc des puissants est brisé, Et les faibles ont la force pour ceinture. Ceux qui étaient rassasiés se louent pour du pain, Et ceux qui étaient affamés se reposent ; Même la stérile enfante sept fois, Et celle qui avait beaucoup d'enfants est flétrie. L'Eternel fait mourir et il fait vivre. Il fait descendre au séjour des morts et il en fait remonter (1 Samuel 2:4-6).

A part la postérité, Dieu change l'identité du père et de la mère car dans la tradition biblique le nom détermine la promesse, le comportement, la dignité ou la prophétie dans la vie d'une personne. Le nom porte en lui toute l'énergie de la personne. Les démons obéissent au nom de Jésus car le nom est la représentation de la personne même. En nous appelant, Dieu change notre identité... Il ne se trompe jamais et Sa promesse ne faillit jamais et le cas d'Israël nous permet de nous en rendre compte.

Chapitre IV
L'ALLIANCE OU CONDITION POUR DEVENIR ISRAËL

4.1. Notion élémentaire sur l'alliance

L'Alliance: est un accord entre deux ou plusieurs personnes. Les Ecritures mentionnent diverses alliances humaines dénuées de valeur permanente à l'exemple de celles d'Abraham et Abimelec, David et Jonathan, celui qui poussa David à se souvenir de cette alliance et par conséquent à bénir Mephiboschet.

> Et Abraham prit des brebis et des bœufs, qu'il donna à Abimélec ; **et ils firent tous deux alliance**... Ils firent donc alliance à Beer-Schéba. Après quoi, Abimélec se leva, avec Picol, chef de son armée ; et ils retournèrent au pays des Philistins (Genèse 21:27, 32).
>
> **Jonathan fit alliance avec David**, parce qu'il l'aimait comme son âme... Ils firent tous deux alliance devant l'Eternel ; et David resta dans la forêt, et Jonathan s'en alla chez lui (1 Samuel 18:3, 18).

Il en est tout autrement lorsque Dieu est l'une des parties contractantes : Dieu fait à l'homme une promesse généreuse qui ne s'accomplira, généralement, que si l'homme remplit certaines conditions. Dieu promit à l'homme protection et vie éternelle, à condition qu'Il lui obéisse ; l'insoumission entraînera une sanction :

> L'Eternel Dieu donna cet ordre à l'homme : Tu pourras manger de tous les arbres du jardin ; mais tu ne mangeras pas de l'arbre de la connaissance du bien et du mal, car le jour où tu en mangeras, tu mourras (Genèse 2:16-17).

L'Eternel fit alliance avec Noé, afin qu'il ne périsse point avec l'ancien monde et qu'il n'y ait plus de grand cataclysme, l'arc-en-ciel l'attestant. De même, Dieu conclut avec Abraham et ses descendants un pacte dont la circoncision devait être le signe. L'Eternel s'engagea à être leur Dieu et à leur donner la terre de Canaan en héritage et que jamais Il ne le détruira. Il fit alliance avec le peuple d'Israël, lui certifiant qu'Il serait Son Dieu et ferait de lui une grande nation à condition qu'il observe les Dix Commandements.

Note : quand Dieu contracte une alliance il y a toujours un signe pour certifier cette alliance :

- pour Adam, l'arbre de vie,
- pour Noé, l'arc en ciel,
- pour Abraham, la circoncision
- pour Israël, la table de la Loi gardée dans une arche appelée l'arche d'alliance.
- pour les chrétiens, la foi en Jésus Christ

L'alliance qu'Il avait établie avec Abraham était perpétuelle, et comme Dieu connaissait la rébellion qui se trouve dans le cœur de l'homme, Il avait prévu que même si la descendance d'Abraham violait le signe de l'alliance qu'ils avaient contractée, Il se souviendrait de lui et sauverait sa descendance. C'est ainsi que dans cette alliance, Dieu jura par Lui-même, après l'obéissance d'Abraham qui avait accepté d'offrir son fils Isaac. Ici déjà, on voit la préfiguration du sacrifice de Jésus et de la grâce de Dieu pour tous ceux qui deviendront la postérité d'Abraham en croyant en Jésus Christ car cette fois-ci, il ne s'agira pas des œuvres mais de la grâce de Dieu :

> L'ange de l'Eternel appela une seconde fois Abraham des cieux, et dit : Je le jure par moi-même, parole de l'Eternel ! Parce que tu as fait cela, et que tu n'as pas refusé ton fils, ton unique, je te bénirai et je multiplierai ta postérité, comme les étoiles du ciel et comme le sable qui est sur le bord de la mer ; et ta postérité possédera la porte de ses ennemis. Toutes les nations de la terre seront bénies en ta postérité, parce que tu as obéi à ma voix (Genèse 22:15-18).

Cela est réel, non seulement pour le salut car ce dernier est à venir mais aussi pour l'alliance de Dieu car Il intervient dans nos problèmes quotidiens et dans diverses situations qu'endurent les croyants. Seule la grâce de Dieu par Son alliance nous sauve la vie comme le souligne le prophète Zacharie: "Alors il reprit et me dit : C'est ici la parole que l'Eternel adresse à Zorobabel : Ce n'est ni par la puissance ni par la force, mais c'est par mon Esprit, dit l'Eternel des armées" (Zacharie 4:6). Et Paul, l'apôtre de Dieu le paraphrase face aux Philippiens : "Je puis tout par celui qui me fortifie" (Philippiens 4:13).

> Hazaël, roi de Syrie, avait opprimé Israël pendant toute la vie de Joachaz. Mais l'Eternel leur fit miséricorde et eut compassion d'eux, **il tourna sa face vers eux à cause de son alliance avec Abraham**, Isaac et Jacob, il ne voulut pas les détruire, et jusqu'à présent il ne les a pas rejetés de sa face (2 Rois 13:22-23).

Il nous faut comprendre que nous aussi, l'Église, nous sommes la postérité d'Abraham, le peuple d'alliance par Jésus Christ et cette promesse est réelle pour nous car, de la même manière qu'Il se souvient d'Israël par Abraham, Il se souvient également des nations (église) par lui. Il avait dit : "Toutes les nations seront bénies en toi." Nous participons de la même manière à cette promesse par la foi en Jésus Christ. L'alliance parfaite a été accomplie par son propre sang, ainsi nous devons avoir confiance que Dieu, jamais, ne nous délaissera ni ne nous abandonnera si nous plaçons notre foi en Jésus christ. Ni les choses présentes ou celles à venir, ni les puissances, ni les dominations, ni les hauteurs ou les profondeurs ne pourront nous séparer de Son amour. Non pas à cause de nos œuvres mais à cause de la foi que nous avons dans cette alliance.

> Comme Abraham crut en Dieu, et que cela lui fut imputé à justice, reconnaissez donc que ce sont ceux qui ont la foi qui sont fils d'Abraham. Aussi l'Ecriture, prévoyant que Dieu justifierait les Païens par la foi, a d'avance annoncé

> cette bonne nouvelle à Abraham : Toutes les nations seront bénies en toi ! De sorte que ceux qui croient sont bénis avec Abraham le croyant (...) afin que la bénédiction d'Abraham eût pour les Païens son accomplissement en Jésus Christ, et que nous reçussions par la foi l'Esprit qui avait été promis. Frères je parle à la manière des hommes, une disposition en bonne forme, bien que faite par un homme, n'est annulée par personne, et personne n'y ajoute. **Or les promesses ont été faites à Abraham et à sa postérité. Il n'est pas dit : et aux postérités, comme s'il s'agissait de plusieurs, mais en tant qu'il s'agit d'une seule : et à ta postérité, c'est-à-dire, à Christ.** Voici ce que j'entends : une disposition, que Dieu a confirmée antérieurement, ne peut pas être annulée, et ainsi la promesse rendue vaine, par la loi survenue quatre cent trente ans plus tard. Car si l'héritage venait de la loi, il ne viendrait plus de la promesse ; or, c'est par la promesse que Dieu a fait à Abraham ce don de sa grâce (...) vous tous, qui avez été baptisés en Christ, vous avez revêtu Christ. Il n'y a plus ni Juif ni Grec, il n'y a plus ni esclave ni libre, il n'y a plus ni homme ni femme ; car tous vous êtes un en Jésus Christ. **Et si vous êtes à Christ, vous êtes donc la postérité d'Abraham, héritiers selon la promesse** (Galates 3:6-9, 14-18, 27-29).

Nous accédons à cette alliance, à l'héritage et aux promesses qui en découlent par la foi et non par la loi. Tout au long de ce livre nous allons comprendre pourquoi Dieu a choisi Abraham pour se faire un peuple qui reflétera Sa gloire sur la terre.

> En effet, ce n'est pas par la loi que l'héritage du monde a été promis à Abraham ou à sa postérité, c'est par la justice de la foi. (...) C'est pourquoi les héritiers le sont par la foi, pour que ce soit par grâce, afin que la promesse soit assurée à toute la postérité, non seulement à celle qui est sous la loi, mais aussi à celle qui a la foi d'Abraham, notre père à tous, selon qu'il est écrit : Je t'ai établi père d'un grand nombre de nations. Il est notre père devant celui auquel il

> a cru, Dieu, qui donne la vie aux morts, et qui appelle les choses qui ne sont point comme si elles étaient. Espérant contre toute espérance, il crut, en sorte qu'il devint père d'un grand nombre de nations, selon ce qui lui avait été dit : Telle sera ta postérité (Romains 4:13, 16-18).

Comme on vient de le voir, Dieu cherchait un peuple par lequel il pouvait manifester Ses attributs en vue d'attirer toutes les nations vers Lui. Dieu voulait un peuple différent de tous les autres, et pour marquer cette différence, et surtout pour accomplir Sa promesse, il instituera la circoncision comme signe d'alliance pour deux raisons principales :

- Premièrement, parce que l'ablation du prépuce fait couler le sang.
- Deuxièmement, le prépuce coupé ne se reproduit jamais, ce qui est la préfiguration insigne du sang éternel.

Dans ce chapitre, nous focaliserons davantage sur la circoncision car c'est une condition pour devenir Israël ou la Postérité d'Abraham.

4.2. La circoncision

Dieu est un Dieu d'alliances. Il en conclura une avec Abraham comme un signe perpétuel, un symbole, une condition d'appartenance à Ses promesses. Rappelons que l'alliance est un agrément entre deux personnes. Le respect de certains principes s'impose : tout manquement aux principes agréés entraîne des sanctions, positives ou négatives :

> On ne t'appellera plus Abram ; mais ton nom sera Abraham, car je te rends père d'une multitude de nations. Je te rendrai fécond à l'infini, je ferai de toi des nations ; et des rois sortiront de toi. **J'établirai mon alliance entre moi et toi, et tes descendants après toi, selon leurs générations : ce sera une alliance perpétuelle, en vertu de laquelle je serai ton Dieu et celui de ta postérité après toi.** Je te donnerai, et à tes descendants après toi, le pays que tu habites comme étranger, tout le pays de Canaan, en possession perpétuelle, et je serai leur Dieu. Dieu dit à Abraham : Toi, tu garderas mon alliance, toi et tes descendants après toi, selon leurs générations. **C'est ici mon alliance, que vous garderez entre vous et moi, et votre postérité : tout mâle parmi vous sera circoncis.** Vous vous circoncirez ; et ce sera un signe d'alliance entre vous et moi. A l'âge de huit jours, tout mâle parmi vous sera circoncis, selon vos générations, qu'il soit né dans la maison, ou qu'il soit acquis à prix d'argent de tout fils d'étranger, sans appartenir à ta race. On devra circoncire celui qui est né dans la maison et celui qui est acquis à prix d'argent ; et mon alliance sera dans votre chair une alliance perpétuelle. Un mâle qui n'aura pas été circoncis dans sa chair, sera exterminé du milieu de son peuple : il aura violé mon alliance (Genèse 17:5-14).

Suivant ce texte, pour devenir peuple de Dieu et pour hériter de Ses promesses, il faut être circoncis. Que dirons-nous donc ? Quel est le sort des hommes incirconcis physiquement ?

A cause de l'orgueil du peuple Juif et de la haine des autres peuples contre les Juifs, il arrive qu'un bon nombre des hommes soient incirconcis.

La circoncision est un acte hygiénique reconnu par de nombreux scientifiques certes. Qu'en est-il donc des femmes, car la circoncision ne concerne plus que les hommes. N'y a-t-il pas "un plan de salut" pour elles ?

Nous allons nous inspirer de l'enseignement du frère Paul pour élargir notre connaissance en la matière car l'appartenance à la famille d'Abraham en dépend. En lisant la Parole de Dieu nous remarquons qu'il existe beaucoup de controverses autour de cet acte. A ce sujet, Paul réprimanda Pierre sur son comportement hypocrite parmi les gentils en présence des Juifs. Timothée, né d'une mère juive et d'un père grec, fut obligé d'être circoncis avant de se rendre à Jérusalem, et l'église primitive connaissait beaucoup de problèmes à ce sujet. Beaucoup d'encres et de salives avaient coulé à l'époque des apôtres des premiers âges de l'Église. Grâce soit rendue à Dieu d'avoir révélé à Paul le discernement du mystère de la dispensation de la grâce entre Païens et Juifs, et surtout de lui avoir conféré le pouvoir de comprendre la pensée de Dieu, voilée dans les Ecritures. En effet, la gloire de Dieu est parfois dans la dissimulation des choses. Car si le diable avait pu comprendre la sagesse infinie et variée de Dieu ou décoder la Parole de Dieu, il n'aurait pas pu laisser mourir Jésus Christ dont toute la vie, de sa naissance à sa mort, est mentionnée dans le livre des prophètes, aujourd'hui la Bible. C'est pourquoi, notre foi ainsi que l'Église de Dieu doivent être construites sur la révélation qui n'est autre que le Christ car de la Genèse à l'Apocalypse, il s'agit de Lui ; comme la Bible le dit "dans les rouleaux du livre : il s'agit de moi" (Hébreux 10:7). Alors, qu'en est-il de la circoncision ? Essayons donc de comprendre davantage :

> Quelques hommes, venus de la Judée, enseignaient les frères, en disant : Si vous n'êtes circoncis selon le rite de Moïse, vous ne pouvez être sauvés. Paul et Barnabas eurent avec eux un débat et une vive discussion ; et les frères décidèrent que Paul et Barnabas, et quelques-uns des leurs, monteraient à Jérusalem vers les apôtres et les anciens, pour traiter cette question. Alors quelques-uns du parti des pharisiens, qui avaient cru, se levèrent, en disant qu'il fallait circoncire les Païens et exiger l'observation de la loi de Moïse. Les apôtres et les anciens se réunirent pour examiner cette affaire. **Une grande discussion s'étant engagée**, Pierre se leva, et leur dit : Hommes frères, vous savez que depuis longtemps Dieu a fait un choix parmi vous, afin que, par ma bouche, les Païens entendissent la parole de l'Evangile et qu'ils crussent (Actes 15:1-7).

Comme vous pouvez le constater par cette lecture de la Parole de Dieu, à cette époque-là, selon Actes 15, cette histoire revêtait une importance particulière, car la Bible témoigne du déplacement de Paul et de Barnabas, après une discussion, vers Jérusalem où ils rencontrèrent d'autres disciples pour avoir la clarification prophétique sur la signification de la circoncision. Raison pour laquelle nous cherchons également à comprendre ce qu'elle signifie réellement ?

4.3. La véritable signification de la circoncision

> La circoncision est utile, si tu mets en pratique la loi ; mais si tu transgresses la loi, ta circoncision devient incirconcision. Si donc l'incirconcis observe les ordonnances de la loi, son incirconcision ne sera-t-elle pas tenue pour circoncision ? L'incirconcis de nature, qui accomplit la loi, ne te condamnera-t-il pas, toi qui la transgresses, tout en ayant la lettre de la loi et la circoncision ? **Le Juif, ce n'est pas celui qui en a les dehors ; et la circoncision, ce n'est pas celle qui est visible dans la chair.** Mais le Juif, c'est celui qui l'est intérieurement ; **et la circoncision, c'est celle du cœur, selon l'esprit et non selon la lettre**. La louange de ce Juif ne vient pas des hommes, mais de Dieu (Romains 2:25-29).

La circoncision ne permettait à personne de voir Dieu car elle était l'ombre des choses à venir. Selon Hébreux 10:1 "En effet, la loi, qui possède une ombre des biens à venir, et non l'exacte représentation des choses, ne peut jamais, par les mêmes sacrifices qu'on offre perpétuellement chaque année, amener les assistants à la perfection." Alors comprenant que la loi représente l'ombre des biens à venir et non la réelle représentation des choses, nous avons une grande clé pour décoder les mystères divins. Nous pouvons maintenant dire que la loi de la circoncision ne concerne pas la chair mais elle s'explique par le fait que ce prépuce coupé ne repoussera jamais ; alors que notre circoncision est celle du cœur, ce qui signifie que cette partie mauvaise du cœur ne revient plus une fois qu'on est circoncis du cœur par le Saint-Esprit au moyen de la prédication de la foi.

> Prenez garde que personne ne fasse de vous sa proie par la philosophie et par une vaine tromperie, s'appuyant sur la tradition des hommes, sur les rudiments du monde, et non sur Christ. Car en lui habite corporellement toute la plénitude de la divinité. Vous avez tout pleinement en lui, qui est le chef de toute domination et de toute autorité. **Et c'est en lui que vous avez été circoncis d'une circoncision que la main n'a pas faite, mais de la circoncision de Christ, qui consiste dans le dépouillement du corps de la chair :** ayant été ensevelis avec lui par le baptême, vous êtes aussi ressuscités en lui et avec lui, par la foi en la puissance de Dieu, qui l'a ressuscité des morts (Colossiens 2:8-12).

Dans le livre des Colossiens, nous comprenons que la circoncision n'est pas celle faite par la main, mais par Christ, à savoir le dépouillement du corps de la chair. La vraie circoncision est celle du cœur, c'est la nouvelle naissance, marque d'alliance, symbole d'appartenance et d'identification. Effectivement, la circoncision est l'image du baptême du Saint-Esprit car par Lui nous sommes fils et filles, par Lui nous serons sauvés et nous participons à toutes les promesses de Dieu :

> Au reste, mes frères, réjouissez-vous dans le Seigneur. Je ne me lasse point de vous écrire les mêmes choses, et pour vous cela est salutaire. Prenez garde aux chiens, prenez garde aux mauvais ouvriers, prenez garde aux faux circoncis. **Car les circoncis, c'est nous, qui rendons à Dieu notre culte par l'Esprit de Dieu**, qui nous glorifions en Jésus Christ, et qui ne mettons point notre confiance en la chair (Philippiens 3:1-3).

Gloire soit rendue à Dieu, car maintenant nous comprenons que la circoncision, pour les Chrétiens, symbolise le baptême du Saint-Esprit qui produit un changement total par l'abandon de la vieille vie et la manifestation de la nouvelle naissance. La Bible nous dit "que celui qui n'a pas Son Esprit ne lui appartient pas" (Romains 8:9). La circoncision étant une alliance inévitable dans les temps anciens comme aujourd'hui, tout le monde doit comprendre que l'on doit avoir un cœur circoncis car cela a été et c'est l'ombre des choses à venir. Et si on n'est pas le fils ou fille de l'alliance, on sera chassé comme un étranger et on ne profitera pas des bénéfices ou de la protection de l'alliance.

Chapitre V
LA DISPENSATION DE LA GRÂCE

La Grâce : l'un des mots les plus utilisés de la Bible. Du grec *charis*, ce terme revient plus de 170 fois dans le Nouveau Testament. Il a bien des sens divers dont nous notons les suivants :

1. Attrait, charme : "la grâce est répandue sur les lèvres."
2. Bienveillance, faveur : l'expression hébreu très fréquente "trouver grâce auprès de quelqu'un."
3. Bienfait, bénédiction. "...toutes les grâces dont tu as usées envers ton serviteur."
4. Remerciement, expression de gratitude : d'où les expressions actions de grâces.

Pour expliciter la dispensation de la grâce, plusieurs ombres et images de l'Ancien Testament seront examinées en vue d'éclairer quelques figures rhétoriques.

5.1. Les mariages d'Abraham et de Jacob, symboles d'Israël et de l'Église

Nous devons comprendre que le mariage est une institution divine. Il porte en lui un grand mystère entre Dieu et son peuple. La polygamie n'est pas divine (voir l'évangile de Matthieu et l'épître de Paul aux Ephésiens).

> Les pharisiens l'abordèrent, et dirent, pour l'éprouver : Est-il permis à un homme de répudier sa femme pour un motif quelconque ? Il répondit : N'avez-vous pas lu que le créateur, au commencement, fit l'homme et la femme. Et qu'il dit : C'est pourquoi l'homme quittera son père et sa mère, et s'attachera à sa femme, et les deux deviendront une seule chair ? Ainsi ils ne sont plus deux, mais ils sont une seule chair. Que l'homme donc ne sépare pas ce que Dieu a joint. Pourquoi donc, lui dirent-ils, Moïse a-t-il prescrit de donner à la femme une lettre de divorce et de la répudier ? Il leur répondit : C'est à cause de la dureté de votre cœur que Moïse vous a permis de répudier vos femmes ; au commencement, il n'en était pas ainsi (Matthieu 19:3-8).

Il semble nécessaire de consacrer quelques lignes à la question du mariage pour trouver quelques explications aux mystères liés à ce sujet. Tout d'abord, lorsque Paul écrit aux Ephésiens, il nous montre que l'Église est l'épouse du Christ tandis qu'Esaïe démontre à son tour qu'Israël est l'épouse de l'Eternel :

> Femmes, soyez soumises à vos maris, comme au Seigneur ; car le mari est le chef de la femme, comme Christ est le chef de l'Eglise, qui est son corps, et dont il est le Sauveur. Or, de même que l'Eglise est soumise à Christ, les femmes aussi doivent l'être à leurs maris en toutes choses. Maris, aimez vos femmes, comme Christ a aimé l'Eglise, et s'est livré lui-même pour elle, afin de la sanctifier par la parole, après l'avoir purifiée par le baptême d'eau, afin de faire paraître devant lui cette Eglise glorieuse, sans tache, ni ride, ni rien de semblable, mais sainte et irrépréhensible. C'est ainsi que les maris doivent aimer leurs femmes comme leurs propres corps. Celui qui aime sa femme s'aime lui-même. Car jamais personne n'a haï sa propre chair ; mais il la nourrit et en prend soin, comme Christ le fait pour l'Eglise, parce que nous sommes membres de son corps. C'est pourquoi l'homme quittera son père et sa mère, et s'attachera à sa femme, et les deux

deviendront une seule chair. **Ce mystère est grand ; je dis cela par rapport à Christ et à l'Eglise** (Ephésiens 5:22-32).

Réjouis-toi, stérile, toi qui n'enfantes plus ! Fais éclater ton allégresse et ta joie, toi qui n'as plus de douleurs ! Car les fils de la délaissée seront plus nombreux Que les fils de celle qui est mariée, dit l'Eternel. Elargis l'espace de ta tente ; Qu'on déploie les couvertures de ta demeure : Ne retiens pas ! Allonge tes cordages, Et affermis tes pieux ! Car tu te répandras à droite et à gauche ; Ta postérité envahira des nations, Et peuplera des villes désertes. Ne crains pas, car tu ne seras point confondue ; Ne rougis pas, car tu ne seras pas déshonorée ; Mais tu oublieras la honte de ta jeunesse, Et tu ne te souviendras plus de l'opprobre de ton veuvage. **Car ton créateur est ton époux : L'Eternel des armées est son nom ; Et ton rédempteur est le Saint d'Israël : Il se nomme Dieu de toute la terre.** Car l'Eternel te rappelle comme une femme délaissée et au cœur attristé, Comme une épouse de la jeunesse qui a été répudiée, dit ton Dieu (Esaïe 54:1-6).

Les deux femmes de Jacob symbolisent l'une et l'autre l'Eglise et Israël de la même manière que Sara et Agar, les femmes d'Abraham.

La Bible déclare que l'homme et la femme deviendront une seule chair. Les deux femmes d'Abraham devaient donc aussi hériter de la promesse. Elles typifient Israël et l'Eglise alors que les deux femmes de Jacob représentent l'Israël spirituel et physique. De ce fait, les Païens et les Juifs partagent la même grâce. En lisant la lettre de Paul aux Ephésiens, on peut déjà remarquer que les Païens (en tant que Nation) et Israël partagent la même grâce, mais dans une différente dispensation car jamais Dieu n'a travaillé avec les Juifs et les nations au même moment.

> ...que vous étiez en ce temps-là sans Christ, privés du droit de cité en Israël, étrangers aux alliances de la promesse, sans espérance et sans Dieu dans le monde. Mais maintenant, en Jésus Christ, vous qui étiez jadis éloignés, vous avez été rapprochés par le sang de Christ. Car il est notre paix, lui qui des deux n'en a fait qu'un, et qui a renversé le mur de séparation, l'inimitié, ayant anéanti par sa chair la loi des ordonnances dans ses prescriptions, afin de créer en lui-même avec les deux un seul homme nouveau, en établissant la paix, et de les réconcilier, l'un et l'autre en un seul corps, avec Dieu par la croix, en détruisant par elle l'inimitié (Ephésiens 2:12-16).

Note : Par Jésus Christ, Juifs et Païens participent à la grâce de Dieu, au droit de prendre part à Ses promesses.

Déjà, par Abraham et ses femmes Sara et Agar, on peut voir la présence d'Israël et de l'Église. Comme Dieu n'est pas d'accord avec la polygamie, on doit se poser la question de savoir pourquoi Abram avait deux femmes, pourquoi Jacob en avait deux ainsi que plusieurs concubines ? La réalité est que, derrière ces femmes se cachait un mystère que Paul écrivant aux croyants de Galates, explique en affirmant que les deux femmes d'Abraham représentaient deux alliances, Israël et l'Eglise.

> Dites-moi, vous qui voulez être sous la loi, n'entendez-vous point la loi ? Car il est écrit qu'Abraham eut deux fils, un de la femme esclave, et un de la femme libre. Mais celui de l'esclave naquit selon la chair, et celui de la femme libre naquit en vertu de la promesse. **Ces choses sont allégoriques ; car ces femmes sont deux alliances.**

L'une du mont Sinaï, enfantant pour la servitude, c'est Agar, - car Agar, c'est le mont Sinaï en Arabie, -et elle correspond à la Jérusalem actuelle, qui est dans la servitude avec ses enfants. **Mais la Jérusalem d'en haut est libre, c'est notre mère ;** Car il est écrit : "Réjouis-toi, stérile,-toi qui n'enfantes point !" Eclate et pousse des cris, toi qui n'as pas éprouvé les douleurs de l'enfantement ! Car les enfants de la délaissée seront plus nombreux que les enfants de celle qui était mariée. Pour vous, frères, comme Isaac, vous êtes enfants de la promesse ; et de même qu'alors celui qui était né selon la chair persécutait celui qui était né selon l'Esprit, ainsi en est-il encore maintenant. Mais que dit l'Ecriture ? Chasse l'esclave et son fils, car le fils de l'esclave n'héritera pas avec le fils de la femme libre. C'est pourquoi, frères, nous ne sommes pas enfants de l'esclave, mais de la femme libre (Galates 4:21-31).

Le texte de Paul aux habitants de Galates concernant Sara et Agar confirme que Dieu est contre la polygamie et que les deux femmes d'Abraham n'étaient que des figures rhétoriques et que leur présence dans la vie du père de la foi n'était qu'un message pour nous qui croyons en Dieu. Sara est notre mère, c'est pourquoi elle la Bible dit : "Réjouis-toi, toi qui étais stérile" tandis qu'Agar représente la nouvelle Israël qui est encore sous la loi. Par ailleurs, Agar signifie le Mont Sinaï ou la loi. On comprend donc que :

- Abraham symbolise Dieu.
- Sara symbolise les Païens (femme libre), choisie par amour
- Agar symbolise les Juifs (femme esclave), choisie par les circonstances

Aujourd'hui Israël physique est sous la loi tandis que les gentils sont sous la grâce. Paul désire exprimer le fait que Dieu est celui de toutes les nations. Cependant, du fait de l'incrédulité (stérilité), Dieu a accepté Agar. Et, comme la prophétie le déclare "Réjouis-toi, toi qui étais stérile." La grâce retournera aux nations car Israël est venu après l'existence des nations. Cette notion sera mieux explicitée par l'histoire des deux femmes d'Israël (Jacob) : Léa et Rachel :

> Or, Laban avait deux filles : l'aînée s'appelait Léa, et la cadette Rachel. Léa avait les yeux délicats ; mais Rachel était belle de taille et belle de figure. (...) Le soir, il prit Léa, sa fille, et l'amena vers Jacob, qui s'approcha d'elle. Et Laban donna pour servante à Léa, sa fille, Zilpa, sa servante. Le lendemain matin, voilà que c'était Léa. Alors Jacob dit à Laban : Qu'est-ce que tu m'as fait ? N'est-ce pas pour Rachel que j'ai servi chez toi ? Pourquoi m'as-tu trompé ? Jacob fit ainsi, et il acheva la semaine avec Léa ; puis Laban lui donna pour femme Rachel, sa fille. Jacob alla aussi vers Rachel, qu'il aimait plus que Léa ; et il servit encore chez Laban pendant sept nouvelles années. L'Eternel vit que Léa n'était pas aimée ; et il la rendit féconde, tandis que Rachel était stérile (Genèse 29:16-17, 23-31).

- Jacob symbolise de Jésus ;
- Léa symbolise les Gentils (femme féconde) ;
- Rachel symbolise les Juifs (femme stérile).

Quand l'une est féconde, l'autre doit être stérile car l'Église et Israël ne traitent pas avec Dieu au même moment et de la même manière.

> Ils tomberont sous le tranchant de l'épée, ils seront emmenés captifs parmi toutes les nations, et **Jérusalem sera foulée aux pieds par les nations, jusqu'à ce que les temps des nations soient accomplis** (Luc 21:24).
>
> Car je ne veux pas, frères, que vous ignoriez ce mystère, afin que vous ne vous regardiez point comme sages, c'est qu'une partie d'Israël est tombée dans l'endurcissement, jusqu'à ce que la totalité des Païens soit entrée. Et ainsi tout Israël sera sauvé, selon qu'il est écrit : Le libérateur viendra de Sion, Et il détournera de Jacob les impiétés. (...) De même que vous avez autrefois désobéi à Dieu et que par leur désobéissance vous avez maintenant obtenu miséricorde, de même ils ont maintenant désobéi, afin que, par la miséricorde qui vous a été faite, ils obtiennent aussi miséricorde. Car Dieu a renfermé tous les hommes dans la désobéissance, pour faire miséricorde à tous. O profondeur de la richesse, de la sagesse et de la science de Dieu! Que ses jugements sont insondables, et ses voies incompréhensibles ! Car Qui a connu la pensée du Seigneur, ou qui a été son conseiller ? Qui lui a donné le premier, pour qu'il ait à recevoir en retour ? C'est de lui, par lui, et pour lui que sont toutes choses. A lui la gloire dans tous les siècles ! Amen ! (Romains 9:25-26, 30-36).

Dans le mystère du mariage, l'homme et la femme deviennent une seule chair. Ainsi, Léa et Rachel sont devenues Israël spirituel et physique. Rachel était stérile comme Israël physique l'est aujourd'hui jusqu'à ce que la totalité des Païens soit sauvée, alors la grâce retournera en Israël. Jamais les deux femmes d'Abraham ou de Jacob n'ont été fécondes durant la même période, tout comme les nations et les Juifs ne peuvent jamais traiter avec Dieu au même moment. Car les Juifs sont tombés dans l'incrédulité (la stérilité) jusqu'à ce que le temps des nations soit accompli.

N'oublions pas non plus que Joseph qui est le type parfait de Jésus, est né de Rachel de la même manière que Christ est né Juif.

5.1.1. Joseph symbole de Jésus.

Il fut vendu (rejeté) par ses frères :

> Au passage des marchands Mandianites, ils tirèrent et firent remonter Joseph hors de la citerne ; et ils le vendirent pour vingt sicles d'argent aux Ismaélites, qui l'emmenèrent en **Egypte** (Genèse 37:28).

Il fut le sauveur de l'Egypte (symbole du monde ou des nations). La grâce se manifeste donc en premier lieu aux Egyptiens :

> Joseph était âgé de trente ans lorsqu'il se présenta devant Pharaon, roi d'Egypte ; il quitta Pharaon et parcourut tout le pays d'Egypte (Genèse 41:46).

Il se révéla à ses frères après avoir fait sortir son épouse et tout le monde ; de la même manière que, selon le livre de Zacharie, Jésus Christ se révèlera aux Juifs.

> Joseph ne pouvait plus se contenir devant tous ceux qui l'entouraient. Il s'écria : Faites sortir tout le monde. Et il ne resta personne avec Joseph, quand il se fit connaître à ses frères. Il éleva la voix, en pleurant. Les Egyptiens l'entendirent, et la maison de Pharaon l'entendit. Joseph dit à ses frères : Je suis Joseph ! Mon père vit-il encore ? Mais ses frères ne purent lui répondre, car ils étaient troublés en sa présence. Joseph dit à ses frères : Approchez-vous de moi. Et ils s'approchèrent. Il dit : Je suis Joseph, votre frère, que vous avez vendu pour être mené en Egypte. Maintenant, ne vous affligez pas, et ne soyez pas fâchés de m'avoir vendu pour être conduit ici, car c'est pour vous sauver la vie que Dieu m'a envoyé devant vous (Genèse 45:1-5).

La grâce retournera en Israël après le temps des Païens de la même manière que Rachel commença à mettre au monde après que Léa eut cessé d'enfanter. Joseph fit sortir tous les Egyptiens pour se révéler à ses frères. Ainsi Christ enlèvera l'Eglise, puis il se révélera aux Siens et un grand deuil aura lieu en Israël, car ils regretteront d'avoir vendu Jésus et ceci laissera la place à l'accomplissent de la prophétie de Zacharie :

> Alors je répandrai sur la maison de David et sur les habitants de Jérusalem Un esprit de grâce et de supplication, Et ils tourneront les regards vers moi, celui qu'ils ont percé. Ils pleureront sur lui comme on pleure sur un fils unique, Ils pleureront amèrement sur lui comme on pleure sur un premier-né (Zacharie 12:10).

Note 1 : alors que la grâce tournera aux Juifs, Il n'y aura plus d'Evangile pour les nations car Dieu ne traite pas avec les deux à la même période.

> Voici, les jours viennent, dit le Seigneur, l'Eternel, Où j'enverrai la famine dans le pays, Non pas la disette du pain et la soif de l'eau, Mais la faim et la soif d'entendre les paroles de l'Eternel. Ils seront alors errants d'une mer à l'autre, Du septentrion à l'orient, Ils iront çà et là pour chercher la parole de l'Eternel, Et ils ne la trouveront pas. En ce jour, les belles jeunes filles et les jeunes hommes mourront de soif (Osée 8:11-13).

Note 2 : durant cette période, Moïse et Elie reviendront prêcher l'Evangile en Israël pendant trois ans et demi pour la simple raison qu'ils sont parmi les plus importants prophètes d'Israël ; Apocalypse 11 en parle mais d'une manière codée. Car la Bible parle de celui qui a le pouvoir de faire descendre le feu et de fermer le ciel, afin qu'il ne tombe point de pluie (Elie) et celui qui a le pouvoir de changer les eaux en sang (Moïse).

> On me donna un roseau semblable à une verge, en disant : Lève-toi, et mesure le temple de Dieu, l'autel, et ceux qui y adorent. Mais le parvis extérieur du temple, laisse-le en

dehors, et ne le mesure pas ; car il a été donné aux nations, et elles fouleront aux pieds la ville sainte pendant quarante-deux mois. Je donnerai à mes deux témoins le pouvoir de prophétiser, revêtus de sacs, pendant mille deux cent soixante jours. Ce sont les deux oliviers et les deux chandeliers qui se tiennent devant le Seigneur de la terre. Si quelqu'un veut leur faire du mal, du feu sort de leur bouche et dévore leurs ennemis ; et si quelqu'un veut leur faire du mal, il faut qu'il soit tué de cette manière. Ils ont le pouvoir de fermer le ciel, afin qu'il ne tombe point de pluie pendant les jours de leur prophétie ; et ils ont le pouvoir de changer les eaux en sang, et de frapper la terre de toute espèce de plaie, chaque fois qu'ils le voudront (Apocalypse 11:1-6).

Nous savons désormais ce qu'est la dispensation de la grâce entre les Juifs et les Païens : quand Dieu traite avec les nations, Il ne traite pas avec les Juifs et vice versa. Ainsi, Israël a toujours été reconnu comme étant l'horloge prophétique de Dieu. L'unique raison est que quand Dieu traite avec Israël, Il fixe le temps alors qu'en traitant avec les nations Dieu ne fixe pas le temps.

- L'immigration en Egypte était de 4 générations (Genèse 15:13).
- La déportation en Babylone était des 70 ans (Jérémie 25:12 ; Daniel 9:2).
- La première restauration à la naissance de Jésus, son rejet jusqu'à la dispersion finale 70 semaines de Daniel (Daniel 9:24-26).
- La dispersion aux travers les nations est fixe jusqu'à ce que le dernier Païen reçoive l'évangile (Matthieu 24:14 ; Romains 11:25).
- La grâce et la prédication de Jésus Christ en Israël est fixe 1260 jours - 3 ans et demi (Apocalypses 11:3).

Comme pour les nations le temps n'est pas fixé (Matthieu 24:36), ce qui veut dire que si l'Église veut savoir le temps de l'accomplissement de la prophétie, elle doit regarder à l'actualité d'Israël qui est considéré comme l'horloge prophétique de Dieu.

Chapitre VI
LA VIE D'ISRAËL ET DE L'EGLISE

6.1. Israël, l'ombre ou l'image de l'Église ?

Après l'étude des chapitres précédents, nous avons compris que nous sommes l'Israël spirituel et qu'en regardant sa vie, nous savons que Dieu a choisi ce peuple comme un matériel didactique en vue de nous instruire sur notre vie spirituelle, morale et matérielle. Ainsi la Bible dit :

> Or, tout ce qui a été écrit d'avance l'a été pour notre instruction, afin que, par la patience, et par la consolation que donnent les Ecritures, nous possédions l'espérance (Romains 15:4).
>
> Ne murmurez point, comme murmurèrent quelques-uns d'eux, qui périrent par l'exterminateur. Ces choses leur sont arrivées pour servir d'exemples, et elles ont été écrites pour notre instruction, à nous qui sommes parvenus à la fin des siècles (1 Corinthiens 10:10-11).

Note : la vie de ce peuple vient de Dieu qui les a choisis, appelés et a prédit leur futur : l'appel, l'esclavage en Egypte, la délivrance, l'établissement à Canaan, la rébellion, mais aussi l'éparpillement à travers le monde et le retour dans leur pays ainsi que la restauration de Jérusalem et le retour de Jésus.

Dieu connaît notre vie, notre présent et notre futur. La Bible dit que les jours qui m'ont été donnés sont inscrits dans le Livre de Vie. Notre vie n'est donc pas un hasard ! Nous étions, nous sommes et serons toujours dans le plan de Dieu ; rien ne lui échappe. Il a toutes choses entre Ses mains ; c'est pourquoi on l'appelle le Dieu omniscient et omniprésent. Il a le contrôle de chaque seconde de notre vie, ainsi que de celle de nos ennemis, et même du destin de Satan car la durée de son règne est connue tout comme sa fin. Même lorsqu'il s'agit d'attaquer les enfants de Dieu, il doit recevoir la permission de Dieu. Et le degré de ses attaques est limité par Dieu, car le combat ne fait que nous préparer à la grandeur. Voir l'exemple des Enfants d'Israël qui sont partis comme une famille et sont revenus comme une nation.

> Au coucher du soleil, un profond sommeil tomba sur Abram ; et voici, une frayeur et une grande obscurité vinrent l'assaillir. Et l'Eternel dit à Abram : Sache que tes descendants seront étrangers dans un pays qui ne sera point à eux ; ils y seront asservis, et on les opprimera pendant quatre cents ans. Mais je jugerai la nation à laquelle ils seront asservis, et ils sortiront ensuite avec de grandes richesses (Genèse 15:12-14).

La vie d'Israël n'est pas soumise au hasard, de même que celle d'un chrétien. Dieu a prédit la destinée prophétique d'Israël, son esclavage, sa libération, son établissement à Canaan, sa dispersion, son retour ainsi que sa restauration. C'est pourquoi Esaïe s'écrie à son tour :

> Ecoute maintenant, ô Jacob, mon serviteur ! O Israël, que j'ai choisi ! Ainsi parle l'Eternel, qui t'a fait, Et qui t'a formé dès ta naissance, Celui qui est ton soutien : Ne crains rien, mon serviteur Jacob, Mon Israël, que j'ai choi-

si. Car je répandrai des eaux sur le sol altéré, Et des ruisseaux sur la terre desséchée ; Je répandrai mon esprit sur ta race, Et ma bénédiction sur tes rejetons. Ils pousseront comme au milieu de l'herbe, Comme les saules près des courants d'eau. Celui-ci dira : Je suis à l'Eternel; Celui-là se réclamera du nom de Jacob ; Cet autre écrira de sa main : à l'Eternel ! Et prononcera avec amour le nom d'Israël. Ainsi parle l'Eternel, roi d'Israël et son rédempteur, L'Eternel des armées : Je suis le premier et je suis le dernier, Et hors moi il n'y a point de Dieu. **Qui a, comme moi, fait des prédictions Qu'il le déclare et me le prouve ! Depuis que j'ai fondé le peuple ancien ? Qu'ils annoncent l'avenir et ce qui doit arriver !** N'ayez pas peur, et ne tremblez pas ; Ne te l'ai-je pas dès longtemps annoncé et déclaré ? Vous êtes mes témoins : Y a-t-il un autre Dieu que moi ? Il n'y a pas d'autre rocher, je n'en connais point (Esaïe 44:1-8).

Dans le livre des Psaumes, David déclare que Dieu nous connaît avant notre existence :

> Quand je n'étais qu'une masse informe, tes yeux me voyaient ; Et sur ton livre étaient tous inscrits Les jours qui m'étaient destinés, Avant qu'aucun d'eux n'existât (Psaumes 139:16).

L'esclavage d'Israël fut prédit par Dieu et sa durée était de quatre générations ou 400 ans mais Israël fit 430 ans. Il a dû attendre 30 ans de plus avant d'être libéré. Ceci doit nous inciter à attendre fermement la promesse de Dieu malgré le temps qu'elle prend car Sa Parole reste infaillible.

> Or les promesses ont été faites à Abraham et à sa postérité. Il n'est pas dit : et aux postérités, comme s'il s'agissait de plusieurs, mais en tant qu'il s'agit d'une seule : et à ta postérité, c'est-à-dire, à Christ. **Voici ce que j'entends : une**

> disposition, que Dieu a confirmée antérieurement, ne peut pas être annulée, et ainsi la promesse rendue vaine, par la loi survenue quatre cent trente ans plus tard (Galates 3:16-17).

Quand Dieu a promis quelque chose, Sa promesse finit toujours par s'accomplir certainement, certainement :

> L'Eternel m'adressa la parole, et il dit : Ecris la prophétie : Grave-la sur des tables, afin qu'on la lise couramment. **Car c'est une prophétie dont le temps est déjà fixé, Elle marche vers son terme, et elle ne mentira pas ; Si elle tarde, attends-la, Car elle s'accomplira, elle s'accomplira certainement.** Voici, son âme s'est enflée, elle n'est pas droite en lui ; mais **le juste vivra par sa foi** (Habacuc 2:2-4).

Rappelons que :

- *Israël* est le symbole des chrétiens (nous, le peuple de Dieu).
- *L'Egypte* est le symbole du monde (ses difficultés et plaisirs passagers rencontrés).
- *Pharaon* est le symbole du diable qui domine et statue sur le monde.

Cette parole nous démontre que tout ce qui nous arrive dans notre vie est permis par Dieu dans un but bien déterminé. Le mal et le bien ne viennent que de Lui et nul ne peut dire qu'un malheur arrive si l'Eternel ne le permet pas. Soyons patients et persévérons pour voir la promesse de Dieu s'accomplir en nous. Quand l'amour de Jacob l'a poussé à offrir une robe multicolore à son fils Joseph, la haine de ses frères l'a poussé vers son destin. Tout concourt au bien de celui qui aime Dieu !

Chapitre VII
L'EGYPTE ET SES EXPERIENCES

7.1. L'Egypte et les raisons de ses expériences

Dans sa prescience, Dieu permet toujours que la plupart des gens passe leur vie comme incrédule et parfois dans des conditions les plus horribles : l'occultisme, la magie, la sorcellerie, le banditisme, la prostitution, l'ivrognerie, etc. Mais un jour, Dieu nous appelle à Le servir. La raison pour laquelle on a connu le monde est pour nous donner l'idée du monde et de sa folie qui résulte au néant.

> Tout ce que mes yeux avaient désiré, je ne les en ai point privés ; je n'ai refusé à mon cœur aucune joie ; car mon cœur prenait plaisir à tout mon travail, et c'est la part qui m'en est revenue. Puis, j'ai considéré tous les ouvrages que mes mains avaient faits, et la peine que j'avais prise à les exécuter ; et voici, tout est vanité et poursuite du vent, et il n'y a aucun avantage à tirer de ce qu'on fait sous le soleil (Ecclésiaste 2:10-11).

Occasionnellement, Dieu permet aussi qu'on puisse passer du temps dans le monde, pour ensuite réaliser que tout était sans intérêt afin qu'au moment où Il nous appelle, nous n'ayons plus le désir de retourner dans le monde, comme dit l'Ecclésiaste. A ce propos, je me souviens d'un homme qui menait une vie aisée avec sa famille. Il ne croyait pas en Dieu car il possédait tout. Son père et sa mère avaient tout fait pour lui. Après ses études, par les relations de ses parents, il avait obtenu un emploi avec un bon salaire, il s'était acheté une belle maison et une belle voiture. Il ne voulait pas se marier prétendant vouloir jouir suffisamment de sa jeunesse en changeant de copines régulièrement ; il buvait, fumait, et n'avait aucune considération pour les autres par sa manière de vivre. Il devint orgueilleux. Personne n'osait lui faire entendre raison. L'abondance pousse souvent les gens autour de nous à la flatterie. Plus tard, atteint du sida, sa santé se détériora, il perdit son travail et la vie n'eut plus aucun sens. Les personnes qui le flattaient se détournèrent de lui ; ils furent les premières à le critiquer. Il tomba dans une grande dépression puis finit par se réfugier dans une église où il rencontra le Seigneur de gloire, qui le guérit. C'est alors que sa vie se transforma, il devint humble. Pensant à la vie dissolue qu'il menait autrefois, il affirma : "Il n'y avait aucun prix à gagner par mes actes." Il devint un véritable instructeur des gens qu'il avait connus dans le passé. Voilà comment Dieu peut nous faire passer par certaines circonstances de la vie pour nous instruire et par conséquent faire de nous des instructeurs.

Note : La vie d'Israël a connu trois grandes phases telles que la stipule la prophétie de Dieu dans la vie d'Abraham :

- un temps d'abondance
- un temps de servitude
- un temps de délivrance

7.2. Le temps de l'abondance

> Les enfants d'Israël furent féconds et multiplièrent, ils s'accrurent et devinrent de plus en plus puissants. Et le pays en fut rempli. Il s'éleva sur l'Egypte un nouveau roi, qui n'avait point connu Joseph. Il dit à son peuple : Voilà les enfants **d'Israël qui forment un peuple plus nombreux et plus puissant que nous.** Allons ! Montrons-nous habiles à son égard ; empêchons qu'il ne s'accroisse, et que, s'il survient une guerre, il ne se joigne à nos ennemis, pour nous combattre et sortir ensuite du pays. Et l'on établit sur lui des chefs de corvées, afin de l'accabler de travaux pénibles. C'est ainsi qu'il bâtit les villes de Pithom et de Ramsès, pour servir de magasins à Pharaon. Mais plus on l'accablait, plus il multipliait et s'accroissait ; et l'on prit en aversion les enfants d'Israël. Alors les Egyptiens réduisirent **les enfants d'Israël à une dure servitude** (Exode 1:7-13).

Israël connut un temps d'abondance en Egypte mais au milieu de cette abondance, on l'accabla. Malgré cet accablement, il devint de plus en plus prospère. De même, dans notre vie pratique, Dieu permet la prospérité à une période de notre vie, en vue de pouvoir savourer les expériences d'Egypte. Car même l'Egypte s'était enrichie grâce à Joseph, type de Jésus par qui et pour qui toutes choses existent (voir Colossiens 1:16). Cependant, nous savons que la prospérité appelle l'adversité. L'homme risque toujours de se créer des ennuis et s'attirer des ennemis à cause de sa prospérité. Plus l'adversité s'accroît, plus l'homme doit apprendre à la surmonter. Malheureusement, s'il devient orgueilleux et insensé, cette situation pourrait le mener à l'inverse des valeurs, à la folie. Il risque de se retrouver dans les vices qui feraient de lui un esclave de la cigarette, de la bière ou de l'adultère, etc. Ceci pourrait détruire sa vie. Mais l'amour de Dieu sera toujours manifeste pour une telle personne pour la délivrer car la souffrance parle mieux que tout autre langage.

7.3. Le temps de l'esclavage

Commençons par étudier le mot esclave étymologiquement. Le terme moderne 'esclavage' vient du latin médiéval *sclavus*, une déformation du mot latin *slavus* (le slave). De plus, le mot 'esclave' serait apparu au Haut Moyen Âge à Venise, où la plupart des esclaves étaient des Slaves des Balkans, une région qui s'appelait autrefois 'Esclavonie', puis Slavonie, et qui est récemment devenue indépendante sous le nom de 'Croatie'. La même racine se retrouve dans le mot arabe *saqaliba*, ce qui n'a rien d'étonnant puisque les Turcs se procuraient leurs futurs janissaires en achetant ou en capturant des enfants chrétiens dans la même région. On sait également que Rome pratiquait l'esclavage comme tous les peuples antiques. Le latin dispose d'un terme pour désigner l'esclave : *servus*, qui a conduit aux termes 'servile' et 'servilité', relatifs à l'esclave et à sa condition. Ce mot a aussi donné naissance aux termes 'serf' du Moyen Âge et aux termes modernes de 'service', 'serviteur', voire 'ciao', etc.

Selon l'Académie française, l'esclave est une "personne qui n'est pas de condition libre, qui appartient à un maître exerçant sur elle un pouvoir absolu." De ce fait, l'esclave peut dépendre de toute autorité : personne, groupe, organisation ou encore État. Par analogie, l'esclavage est donc l'état, condition de ceux qui sont soumis à une tyrannie, à une autorité arbitraire ; asservissement, servitude. Cette dernière définition n'exclut donc pas formellement la notion de servitude volontaire.

D'autres sens doivent nécessairement être mentionnés : tout d'abord, au sens figuré, l'esclavage est l'état d'une personne qui, par intérêt ou par goût, se met dans la dépendance d'une autre et suit aveuglément ses volontés. Par extension, se dit d'une personne qui se tient dans un état d'assujettissement, de dépendance, qui subit l'emprise d'une chose. Au sens figuré toujours, se dit de tout ce qui tient dans un état d'assujettissement, de dépendance. L'esclavage du tabac. L'esclavage de la mode. L'esclavage des passions. Par métonymie, on parlera d'une activité imposant une sujétion, comme par exemple : 'ce travail est lucratif, mais c'est un véritable esclavage'.

Considérons à présent l'approche israélienne de la notion d'esclavage. L'histoire nous apprend que l'esclavage date de l'antiquité et qu'il existait plusieurs manières d'acquérir des esclaves, comme par exemple par acquisition auprès des marchands d'esclaves. Prenons le cas de Joseph qui avait été vendu par ses frères aux marchants Mandianites et ses derniers le vendirent à Potiphar l'Egyptien : "Si tu achètes un esclave hébreu, il servira six années ; mais la septième, il sortira libre, sans rien payer" (Exode 21:2).

De fait, les Israélites indigents pouvaient se vendre volontairement ou vendre leurs filles :

> Si un homme vend sa fille pour être esclave, elle ne sortira point comme sortent les esclaves (Exode 21:7).
>
> Si ton frère devient pauvre près de toi, et qu'il se vende à toi, tu ne lui imposeras point le travail d'un esclave (Lévitique 25:39).
>
> Si un étranger, si celui qui demeure chez toi devient riche, et que ton frère devienne pauvre près de lui et se vende à l'étranger qui demeure chez toi ou à quelqu'un de la famille de l'étranger (Lévitique 25:47).

En vertu du système de compensation, le voleur, incapable de restituer ce qu'il avait dérobé, était vendu comme esclave ; de même, et contrairement à l'esprit de la loi mosaïque, cela s'appliquait aussi au débiteur insolvable ou à ses enfants. Voici ce que dit la Parole de Dieu :

> Une femme d'entre les femmes des fils des prophètes cria à Elisée, en disant : Ton serviteur mon mari est mort, et tu sais que ton serviteur craignait l'Eternel ; or le créancier est venu pour prendre mes deux enfants et en faire ses esclaves (2 Rois 4:1).

Après avoir observé toutes ces approches, il apparaît que l'esclave peut être soumis par une autre personne ou une organisation ou par la propre volonté d'un individu. Cela étant, nous allons essayer d'expliquer plus loin dans notre étude cet état d'esclavage des Israéliens en Egypte par rapport à la vie chrétienne.

> Il s'éleva sur l'Egypte un nouveau roi, qui n'avait point connu Joseph. Il dit à son peuple : Voilà les enfants d'Israël qui forment un peuple plus nombreux et plus puissant que nous. Allons ! Montrons-nous habiles à son égard ; empêchons qu'il ne s'accroisse, et que, s'il survient une guerre, il ne se joigne à nos ennemis, pour nous combattre et sortir ensuite du pays. Et l'on établit sur lui des chefs de corvées, afin de l'accabler de travaux pénibles. C'est ainsi qu'il bâtit les villes de Pithom et de Ramsès, pour servir de magasins à Pharaon. Mais plus on l'accablait, plus il multipliait et s'accroissait ; et l'on prit en aversion les enfants d'Israël. Alors les Egyptiens réduisirent les enfants d'Israël à une dure servitude (Exode 1:8-13).

Pendant un moment la vie en Egypte était devenue meilleure qu'auparavant. Cependant, dans la promesse de Dieu il n'était pas question d'une bénédiction en Egypte. Dieu avait besoin d'amener

Son peuple dans une autre dimension alors qu'ils commençaient à apprécier la vie en Egypte et à oublier la promesse de Dieu. Les paroles de Israël, à savoir de Jacob à son fils Joseph préconisent le retour à Canaan, raison pour laquelle il leur demanda de ne pas laisser ses os en Egypte ; ainsi, Joseph, à son tour, va leur rappeler qu'ils seront visités par Dieu pour retourner au pays des promesses et quand cela arrivera ils ne devraient pas oublier ses os en Egypte. Dans notre vie, quand on vit confortablement on ne désire pas changer. C'est ainsi que Dieu crée l'adversité et la souffrance pour donner une certaine direction à notre vie. Il a toujours fait cela pour amener son peuple vers une autre dimension : "C'est pourquoi voici, je veux l'attirer et la conduire au désert, et je parlerai à son cœur" (Osée 2:16).

Ce qu'Il a fait avec Israël, il l'a fait aussi avec les apôtres pour que l'Evangile se propage jusqu'aux extrémités de la terre. La souffrance est donc un langage de Dieu. Quand Il veut nous pousser vers quelque chose qu'Il a planifié pour nous, Il la provoque. Il l'avait fait avec Joseph. De lui-même, ce dernier ne pouvait aller là où Dieu voulait l'élever, et, ses frères, en le vendant, ne savaient pas que c'était dans le plan de Dieu. Combien de fois Dieu le fait-il dans la vie pratique ?

Prenons l'exemple d'une de mes amies qui avait passé une bonne partie de sa vie avec un petit ami en espérant que ce dernier sera l'homme de sa vie. Quand l'ami en question lui signifia qu'il mettait fin à leur histoire d'amour, elle passa ses journées à pleurer. C'était un drame pour elle. Mais, trois mois plus tard, un autre homme vint se présenter qui la demanda en mariage. Elle accepta et ils se marièrent. Aujourd'hui, elle vit heureuse et dans la paix. Que dirions-nous du frère ou de la sœur, rejeté(e) par sa famille ? Comme sa mère est morte et son père a pris une nouvelle femme qui ne l'aime pas... à force de ce rejet, il parvient à voyager vers l'Europe. Un jour son père tombe en faillite. Cette personne prend à présent soin non seulement de son père mais aussi de sa marâtre et de ses demi-frères.

Aujourd'hui, chers amis, si le monde, votre famille, votre pasteur ou même votre église vous rejettent, n'ayez pas peur. Celui qui détient les desseins des hommes, c'est Dieu. Ce que les hommes peuvent faire, c'est arracher votre robe mais le don d'interpréter les songes, ils ne pourront jamais le toucher d'autant plus qu'ils ne toucheront pas à votre capacité à penser et à créer. Ils peuvent détruire vos affaires, vous rejeter, vous calomnier, vous insulter ou vous battre, rien ne changera votre destin car seul Dieu l'a écrit et Lui seul vous protège. Cependant, pour nous pousser dans une autre dimension, sachez aussi que Dieu utilise parfois la souffrance, le rejet ainsi que d'autres circonstances amères pour nous ramener vers notre destin.

J'ai toujours aimé la prédication d'un homme de Dieu que j'aime bien et qui s'intitule *'Rejection is Direction'* de Bishop Noel Jones. Toutefois, rappelons-nous de Job dans sa souffrance qui déclare :

> Viennent-ils à tomber dans les chaînes, Sont-ils pris dans les liens de l'adversité, Il leur dénonce leurs œuvres, Leurs transgressions, leur orgueil ; Il les avertit pour leur instruction, Il les exhorte à se détourner de l'iniquité. S'ils écoutent et se soumettent, Ils achèvent leurs jours dans le bonheur, Leurs années dans la joie. S'ils n'écoutent pas, ils périssent par le glaive, Ils expirent dans leur aveuglement. Les impies se livrent à la colère, Ils ne crient pas à Dieu quand il les enchaîne ; Ils perdent la vie dans leur jeunesse, Ils meurent comme les débauchés. Mais Dieu sauve le malheureux dans sa misère, **Et c'est par la souffrance qu'il l'avertit** (Job 36:8-15).

Pendant les jours d'abondance, Israël oubliait toujours de retourner vers Dieu alors que Dieu ne les avait pas appelés à vivre sous le joug égyptien, mais à prendre leur propre destin et à devenir une nation et non une famille. Dieu nous appelle à la grandeur. C'est ainsi qu'il avait dit à Abram lorsqu'Il l'appela : "je rendrais ton nom grand." Plus loin Il affirme que les projets qu'Il a formés pour nous ne sont pas des projets de malheur mais des projets de bonheur, afin que nous ayons de l'avenir. Or, nous sommes esclaves de tout ce qui domine sur nous.

Par ailleurs, bien que l'esclavage ait été aboli et qu'il ne soit plus pratiqué aujourd'hui, sauf à de rares exceptions, nous remarquons que, par la Parole de Dieu le Seigneur Jésus Christ nous donne une autre notion de l'esclavage :

> Et il dit aux Juifs qui avaient cru en lui : Si vous demeurez dans ma parole, vous êtes vraiment mes disciples ; vous connaîtrez la vérité, et la vérité vous affranchira. Ils lui répondirent : Nous sommes la postérité d'Abraham, et nous ne fûmes jamais esclaves de personne ; comment dis-tu : Vous deviendrez libres ? En vérité, en vérité, je vous le dis, leur répliqua Jésus, **quiconque se livre au péché est esclave du péché** (Jean 8:31-34).

Nous constatons qu'en nous livrant au péché nous devient esclaves selon l'enseignement de Jésus Christ. Plus loin, Paul va nous fournir une autre matière pour approfondir notre connaissance à ce sujet :

> Ne savez-vous pas qu'en vous livrant à quelqu'un comme esclaves pour lui obéir, vous êtes esclaves de celui à qui vous obéissez, soit du péché qui conduit à la mort, soit de l'obéissance qui conduit à la justice ? Mais grâces soient rendues à Dieu de ce que, après avoir été esclaves du péché, vous avez obéi de cœur à la règle de doctrine dans laquelle vous avez été instruits. Ayant été affranchis du péché, vous êtes devenus esclaves de la justice. Je parle à la manière des hommes, à cause de la faiblesse de votre chair. De même donc que vous avez livré vos membres comme esclaves à l'impureté et à l'iniquité, pour arriver à l'iniquité, ainsi maintenant livrez vos membres comme esclaves à la justice, pour arriver à la sainteté. Car, lorsque vous étiez esclaves du péché, vous étiez libres à l'égard de la justice. Quels fruits portiez-vous alors ? Des fruits dont vous rougissez aujourd'hui. Car la fin de ces choses, c'est la mort. Mais maintenant, étant affranchis du péché et devenus esclaves de Dieu, vous avez pour fruit la sainteté et pour fin la vie éternelle. Car le salaire du péché, c'est la mort ; mais le don gratuit de Dieu, c'est la vie éternelle en

> Jésus Christ notre Seigneur. Tout le monde est esclave de ce qui a triomphé de lui, soit du péché, soit de la justice (Romains 6:16-23).

En grandissant, la folie de la jeunesse rongeait mon cœur ; je fumais et buvais. Je me rappelle que je ne pouvais pas dormir sans fumer. Après avoir mangé je devais absolument fumer. Ma vie entière dépendait de la cigarette, c'est elle qui me commandait. Je sortais la nuit pour en trouver une. J'en demandais aux étrangers s'il le fallait. C'était un vice. Certains volent pour cela. Les toxicomanes, les alcooliques ou toute autre personne qui vit dans de tels vices savent mieux que quiconque de quoi je parle. Gloire soit rendue à Dieu, car Il n'a jamais voulu que l'homme soit l'esclave de son frère pour toujours car Il nous veut libre.

> As-tu été appelé étant esclave, ne t'en inquiète pas ; mais si tu peux devenir libre, profites-en plutôt (1 Corinthiens 7:21).

Quand il s'agit de l'homme il y a toujours un plan de rédemption. Dieu n'a jamais voulu que l'homme soit un esclave pour toujours. C'est ainsi qu'en Israël, Dieu a préconisé plusieurs moyens par lesquels l'esclave trouvera sa liberté. Quand l'homme cherche à faire de son frère un esclave, il doit être puni car l'homme est seulement l'esclave de Son créateur et non d'un autre être humain, quel que soit sa race, sa richesse, sa puissance ou son intelligence.

> Car c'est de moi que les enfants d'Israël sont esclaves ; ce sont mes esclaves, que j'ai fait sortir du pays d'Egypte. Je suis l'Eternel, votre Dieu (Lévitique 25:55).
>
> Celui qui dérobera un homme, et qui l'aura vendu ou retenu entre ses mains, sera puni de mort (Exode 21:16).
>
> Si l'on trouve un homme qui ait dérobé l'un de ses frères, l'un des enfants d'Israël, qui en ait fait son esclave ou qui l'ait vendu, ce voleur sera puni de mort. Tu ôteras ainsi le mal du milieu de toi (Deutéronome 24:7).

Dieu veut que l'homme soit libre : en Israël une fête dénommé jubilé été fixée juste pour permettre à tout esclave de retrouver sa liberté. En fait, le jubilé était la cinquantième année où tout esclave sans condition devait retrouver la liberté à moins que lui-même ne la désire. De nos jours, le jubilé symbolise la Pentecôte :

> Et vous sanctifierez la cinquantième année, vous publierez la liberté dans le pays pour tous ses habitants : ce sera pour vous le jubilé ; chacun de vous retournera dans sa propriété, et chacun de vous retournera dans sa famille (Lévitique 25:10).

La trompette a sonné le jour de la Pentecôte, aussi, aujourd'hui personne n'est plus mis à l'écart :

> Il n'y a ici ni Grec ni Juif, ni circoncis ni incirconcis, ni barbare ni Scythe, ni esclave ni libre ; mais Christ est tout et en tous (Colossiens 3:11).

Dieu vous appelle à la liberté et ne vous laisse pas sous l'esclavage de qui que ce soit ou de quoi que ce soit ; il est temps de déclarer ta liberté dans la prière et le jeûne jusqu'à ce que tu voies ta vie prendre de l'autonomie sur tous les plans.

7.4. Le temps de la délivrance

7.4.1. La Libération d'Israël

Liberté, de l'Hébreu *Houppach* : être affranchi, libéré, se dit d'un esclave ; *Houphchah* : affranchissement ; *devôr* : libération ; grec : *Eleutheria* : affranchissement, libération). Dans la Bible, l'idée de liberté est toujours opposée à celle de l'esclavage ou de l'emprisonnement et il n'y a que Dieu qui puisse la donner.

> Le roi fit ôter ses liens, Le dominateur des peuples le délivra (Psaumes 105:20).

La liberté implique nécessairement une servitude ou un emprisonnement antérieur. Ainsi, la liberté est, par définition, l'heureuse condition de celui qui est libéré de la servitude et donne l'occasion de vivre un bonheur impossible jusqu'alors.

> L'Eternel dit à Moïse : Tu verras maintenant ce que je ferai à Pharaon ; une main puissante le forcera à les laisser aller, une main puissante le forcera à les chasser de son pays. Dieu parla encore à Moïse, et lui dit : Je suis l'Eternel. Je suis apparu à Abraham, à Isaac et à Jacob, comme le Dieu tout-puissant ; mais je n'ai pas été connu d'eux sous mon nom, l'Eternel. J'ai aussi établi mon alliance avec eux, pour leur donner le pays de Canaan, le pays de leurs pèlerinages, dans lequel ils ont séjourné. J'ai entendu les gémissements des enfants d'Israël, que les

> Egyptiens tiennent dans la servitude, et **je me suis souvenu de mon alliance**. C'est pourquoi dis aux enfants d'Israël : Je suis l'Eternel, **je vous affranchirai des travaux dont vous chargent les Egyptiens, je vous délivrerai de leur servitude**, et je vous sauverai à bras étendu et par de grands jugements. Je vous prendrai pour mon peuple, je serai votre Dieu, et vous saurez que c'est moi, l'Eternel, votre Dieu, qui vous affranchis des travaux dont vous chargent les Egyptiens. Je vous ferai entrer dans le pays que j'ai juré de donner à Abraham, à Isaac et à Jacob ; je vous le donnerai en possession, moi l'Eternel. Ainsi parla Moïse aux enfants d'Israël. Mais l'angoisse et la dure servitude les empêchèrent d'écouter Moïse (Exode 6:1-9).

La libération d'Israël ne fut pas un hasard mais un événement que Dieu avait prévu. Elle n'est pas due aux bonnes œuvres mais au souvenir et au respect de l'alliance faite par Dieu à Son serviteur Abraham. Vous devez vous interroger, car s'il s'agit d'Abraham, alors pourquoi parlons-nous de nations ? La réponse elle est simple : il est écrit que "toutes les nations seront bénies par lui."

La délivrance comprend quatre grandes parties :
1. la prédestination
2. l'Appel
3. la justification
4. la glorification

> Nous savons, du reste, que toutes choses concourent au bien de ceux qui aiment Dieu, de ceux qui sont appelés selon son dessein. Car ceux qu'il a connus d'avance, il les a aussi **prédestinés** à être semblables à l'image de son Fils, afin que son Fils fût le premier-né entre plusieurs frères. Et ceux qu'il a prédestinés, il les a aussi **appelés** ; et ceux

qu'il a appelés, il les a aussi *justifiés* ; et ceux qu'il a justifiés, il les a aussi *glorifiés* (Romains 8:28-30).

- **L'Appel** : Dieu seul appelle et nul ne peut venir à Lui s'il n'a été appelé.

    Nul ne peut venir à moi, si le Père qui m'a envoyé ne l'attire ; et je le ressusciterai au dernier jour (Jean 6:44).

    Quand Israël était jeune, je l'aimais, Et j'appelai mon fils hors d'Egypte (Osée 11:1).

C'est Dieu qui nous appelle en Son temps et par Sa puissance car Lui seul à la puissance de faire sortir les gens de l'esclavage et du péché. Ce n'est pas par une prêche ou une invitation que le changement s'opère auprès d'une personne. Mais à chaque fois que nous prêchons ou invitons une personne à se tourner le Seigneur. C'est comme une semence que nous plantons. Avec le temps, Dieu, l'utilisera pour délivrer cette personne. Nous ne devons pas nous inquiéter lorsque les gens ne répondent pas à notre prêche ou à notre invitation.

Certaines personnes disent parfois : "on m'a prêché, on m'a invité mais je ne voulais pas, maintenant mon temps est arrivé, je suis venu au Seigneur de moi-même." Dieu dit pourtant : "Je ne donnerais ma gloire à personne." Néanmoins, bon nombre des gens prétendent être venus vers le Seigneur grâce aux prédications ou à une invitation. Il faut également signaler que tout appel exige une réponse, tel que nous l'avons déjà mentionné. Aujourd'hui, si vous entendez Sa voix, n'endurcissez pas votre cœur. La décision émanant de la personne accablée, tout comme le mot, se définit, c'est une qualité qui consiste à prendre promptement un parti et à s'y tenir avec fermeté.

> Moïse répondit, et dit : Voici, ils ne me croiront point, et ils n'écouteront point ma voix. Mais ils diront : L'Eternel ne t'est point apparu (...) Aaron rapporta toutes les paroles que l'Eternel avait dites à Moïse, et il exécuta les signes aux yeux du peuple. Et le peuple crut. Ils apprirent que l'Eternel avait visité les enfants d'Israël, qu'il avait vu leur souffrance ; et ils s'inclinèrent et se prosternèrent (Exode 4:1, 30-31)

Ainsi la Bible dit, "si tu confesses et si tu crois…"

> Que dit-elle donc ? La parole est près de toi, dans ta bouche et dans ton cœur. Or, c'est la parole de la foi, que nous prêchons. Si tu confesses de ta bouche le Seigneur Jésus, et si tu crois dans ton cœur que Dieu l'a ressuscité des morts, tu seras sauvé. Car c'est en croyant du cœur qu'on parvient à la justice, et c'est en confessant de la bouche qu'on parvient au salut (Romains 10:8-10).

L'homme a toujours un rôle à jouer dans sa délivrance. Il doit décider de quitter son ancien maître lorsque Dieu l'appelle. A lui de décider de partir. Dans Esaïe, Dieu demande : "Qui enverrai-je et qui marchera pour nous ?" Esaïe répond : "Me voici !"

- **La justification** : Acte par lequel le Dieu trois fois saint déclare que le pécheur croyant est devenu juste et acceptable devant Lui, parce que Christ a porté son péché sur la croix, ayant été "fait justice" en Sa faveur.

Pour expliquer cette notion, Paul va prendre l'exemple d'Abraham et de David, l'homme selon le cœur de Dieu.

> Que dirons-nous donc qu'Abraham, notre père, a obtenu selon la chair ? Si Abraham a été justifié par les œuvres, il a sujet de se glorifier, mais non devant Dieu. Car que dit l'Ecriture ? Abraham crut à Dieu, et cela lui fut imputé à justice. Or, à celui qui fait une œuvre, le salaire est imputé, non comme une grâce, mais comme une chose due ; et à celui qui ne fait point d'œuvre, mais qui croit en celui qui justifie l'impie, sa foi lui est imputée à justice. De même David exprime le bonheur de l'homme à qui Dieu impute la justice sans les œuvres : Heureux ceux dont les iniquités sont pardonnées, Et dont les péchés sont couverts ! (Romains 4:1-7).

Par la vie d'Abraham, Paul a voulu démontrer que la justification est comparable à un miracle et non à un mérite. Ainsi, il parlera dans sa théologie de la justification de cet homme et de cette femme qui avaient dépassé leurs saisons pour avoir des enfants, mais qui, par l'œuvre miraculeuse de Dieu vont avoir un enfant. Pour intensifier sa pensée, il va prendre l'homme selon le cœur de Dieu en exposant son acte contre la femme d'Urie :

> L'Eternel envoya Nathan vers David. Et Nathan vint à lui, et lui dit : Il y avait dans une ville deux hommes, l'un riche et l'autre pauvre. Le riche avait des brebis et des bœufs en très grand nombre. Le pauvre n'avait rien du tout qu'une petite brebis, qu'il avait achetée ; il la nourrissait, et elle grandissait chez lui avec ses enfants ; elle mangeait de son pain, buvait dans sa coupe, dormait sur son sein, et il la regardait comme sa fille. Un voyageur arriva chez l'homme riche. Et le riche n'a pas voulu toucher à ses brebis ou à ses bœufs, pour préparer un repas au voyageur qui était venu chez lui ; il a pris la brebis du pauvre, et l'a ap-

prêtée pour l'homme qui était venu chez lui. La colère de David s'enflamma violemment contre cet homme, et il dit à Nathan : L'Eternel est vivant ! **L'homme qui a fait cela mérite la mort.** Nathan dit à David : Tu es cet homme-là ! (1 Samuel 12:1-7).

Ne sachant pas de qui le prophète parlait, David offusqué dit que l'homme coupable de ce fait méritait la mort. Puis, le prophète dit à David qu'il s'agissait de lui-même et de l'acte qu'il avait posé contre la femme d'Urie. Par-là, Paul démontre que la justification est une œuvre de la grâce, quelque chose d'immérité. C'est pourquoi, il déclarera :

> Car nul ne sera justifié devant lui par les œuvres de la loi, puisque c'est par la loi que vient la connaissance du péché. Mais maintenant, sans la loi est manifestée la justice de Dieu, à laquelle rendent témoignage la loi et les prophètes, justice de Dieu par la foi en Jésus Christ pour tous ceux qui croient. Il n'y a point de distinction. Car tous ont péché et sont privés de la gloire de Dieu ; et ils sont gratuitement justifiés par sa grâce, par le moyen de la rédemption qui est en Jésus Christ (Romains 3:20-24).

- **La délivrance ou la glorification** : c'est l'action de délivrer de quelqu'un, de quelque chose ou encore le résultat de cette action, qu'il s'agisse de la libération d'un individu ou de l'affranchissement d'un peuple.

Note : A cause du prix que le seigneur a payé sur la croix la délivrance ne peut se faire en partie ou être négociable mais elle doit être complète et sans condition car Satan, comme Pharaon, tente d'inciter le peuple de Dieu à se compromettre toujours afin de jouer avec leurs statuts.

Rappelons ici quatre suggestions subtiles auxquelles Moïse a dit 'non' et pour lesquelles nous devons aussi dire 'non' pour savourer le fruit digne de la liberté :

1) Des sacrifices à Dieu dans le pays d'Egypte (Exode 8:21)

IMPOSSIBLE parce que :

a) Une telle adoration serait celle d'un peuple servile.
b) Une telle adoration serait celle d'un peuple non mis à part.
c) Une telle adoration se ferait sans la présence de Dieu.
d) Une telle adoration serait choquante aux yeux des Egyptiens.

2) Il ne laissa point le peuple s'en aller d'Egypte, (Exode 8:28).

Satan tente de garder les saints de Dieu près du monde, par leurs centres d'intérêts et leurs désirs.

3) Allez, vous les hommes, et laissez vos familles en Egypte (Exode 10:11).

Le plan de Dieu était que leurs fils et leurs filles les accompagnent. Il est dangereux quand un membre de famille est converti alors que le reste ne l'est pas, car il devient difficile pour celui ou celle qui est converti(e), d'où notre devoir de déclarer aussi la liberté des membres de notre famille avec assurance, car la Bible dit que celui qui croit sera sauvé lui et sa famille.

4) Allez, il n'y aura que vos brebis et vos bœufs qui resteront (Exode 10:24).

Dans le plan de Dieu un seul sabot d'animal ne devait rester en Egypte. Le peuple allait avoir besoin des brebis et des bœufs pour les sacrifices et pour se nourrir. La délivrance doit être totale car on ne peut en aucun cas accepter le Seigneur et vivre une vie de duplicité. Ceci est le désir de Pharaon ou du diable qui veut nous voir vivre dans un monde où les uns fument, les autres s'enivrent ou font toutes sortes de mauvaises choses tout en se rendant à l'église, en s'appelant chrétiens. Le diable n'a aucun problème avec de tels croyants, mais Dieu nous appelle à une délivrance totale comme celle demandée par Moïse.

Dans le livre de l'Apocalypse, le Seigneur déclare "Ainsi, parce que tu es tiède, et que tu n'es ni froid ni bouillant, je te vomirai de ma bouche." Dieu n'aime pas des croyants tièdes. L'unique moyen de pouvoir être glorifié et d'avoir la liberté c'est de pouvoir résister aux suggestions du diable :

> Soumettez-vous donc à Dieu ; résistez au diable, et il fuira loin de vous (Jacques 4:7).

Le diable est un ennemi vaincu et un lâche : il ne peut jamais tenter une personne indéfiniment, car il n'a pas la persévérance. C'est pour cela qu'il tente toujours les gens par des offres folles et grandioses qui peuvent répondre aux besoins immédiats de l'homme. Nous devons donc être en mesure de dire 'non' comme le Seigneur Jésus Christ l'avait fait après ses quarante jours de prières à la montagne.

Dans le livre d'Exode on note aussi la délivrance totale du peuple :

> Dans la nuit même, Pharaon appela Moïse et Aaron, et leur dit : Levez-vous, sortez du milieu de mon peuple, vous et les enfants d'Israël. Allez, servez l'Eternel, comme vous l'avez dit. Prenez vos brebis et vos bœufs, comme vous l'avez dit ; allez, et bénissez-moi» (Exode 12:31-32)

Et, Matthieu, de son côté, déclare que :

> Nul ne peut servir deux maîtres. Car, ou il haïra l'un, et aimera l'autre ; ou il s'attachera à l'un, et méprisera l'autre. Vous ne pouvez servir Dieu et Mammon (Matthieu 12:24).

Effectivement, c'est à nous de faire le choix de servir Dieu sans ambiguïté ni dans la duplicité, car pour recevoir les fruits de la conversion ou accepter la délivrance totale, il faut obligatoirement accepter les changements qui l'accompagnent comme étant le prix à payer puisque le plus grand prix a déjà été payé par le Seigneur de gloire.

Chapitre VIII
L'EXODE PROPHETIQUE D'ISRAËL

L'exode, du grec *Hodos*, 'chemin, hors de', désigne ici la sortie d'Egypte des Israélites, après que Dieu les a délivrés de l'esclavage dans le pays d'Egypte. Il est très difficile de déterminer l'itinéraire précis de ce voyage. Toutefois, pendant ce voyage, Dieu fut le guide de Son peuple. Comme tout conducteur, la colonne allait toujours devant d'Israël à l'exception d'une seule fois où elle était partie de devant vers l'arrière pour empêcher les enfants d'Israël d'admirer l'armée de Pharaon car ce dernier leur faisait peur. Dieu a désiré que leur foi soit fondée sur la confiance et non sur la peur ; par conséquent, je voudrais conseiller mes amis prédicateurs et enseignants à ne pas se cramponner à enseigner sur la démonologie mais à davantage vous concentrer sur la puissance de Dieu. Il est toujours avec nous, comme Il était avec eux dans le désert pour les rassurer que jamais Il ne les délaisserait ni ne les abandonnerait.

Dans ce parcours, Israël n'était pas autorisé à construire car ils étaient des pèlerins. La Bible nous dit que nous sommes pèlerins sur la terre, et notre patrie est dans les cieux. Cela ne veut pas dire que nous ne devons pas construire des maisons sur la terre. Il nous dit de bâtir une maison spirituelle dans notre cœur. Non pas les choses qui nous empêchent d'avancer mais celles que nous sommes à même de faire et de défaire ; plus loin, la Bible déclare que là où est ton trésor, là aussi sera ton cœur : à cause de leurs avoirs certains d'entre nous ne désirent plus le retour du Seigneur.

8.1. La conduite dans le désert est sous la direction de Dieu

8.1.1. Dieu est le conducteur :

> L'Eternel allait devant eux, le jour dans une colonne de nuée pour les guider dans leur chemin, et la nuit dans une colonne de feu pour les éclairer, afin qu'ils marchassent jour et nuit. La colonne de nuée ne se retirait point de devant le peuple pendant le jour, ni la colonne de feu pendant la nuit (Exode 13:21-22).

> Fortifiez-vous et ayez du courage ! Ne craignez point et ne soyez point effrayés devant eux ; car l'Eternel, ton Dieu, marchera lui-même avec toi, il ne te délaissera point, il ne t'abandonnera point (Deutéronome 31:6).

Dieu était le conducteur des Israélites car ils ne connaissaient pas le chemin et ils devaient marcher jour et nuit. D'autant plus que c'était dans le désert qu'ils devaient voyager pour arriver au pays des promesses. Nous avons également besoin de Dieu pour conduire notre vie car nous ne connaissons pas le chemin, nous ne savons pas ce qui arrivera dans notre vie. A noter que, malgré la présence de Dieu, de nuit comme de jour, les obstacles se présentaient toujours : les guerres, la soif et la famine, etc. Il plut à Dieu de les diriger vers un chemin détourné au lieu d'un raccourci, afin de préparer Israël à la grande bénédiction qui l'attendait, et surtout de l'amener à avoir confiance en l'Eternel, Son Dieu.

8.1.2. Dieu choisit un chemin détourné au lieu d'un raccourci

> Lorsque Pharaon laissa aller le peuple, Dieu ne le conduisit point par le chemin du pays des Philistins, quoique le plus proche ; car Dieu dit : Le peuple pourrait se repentir en voyant la guerre, et retourner en Egypte. Mais Dieu fit faire au peuple un détour par le chemin du désert, vers la mer Rouge. Les enfants d'Israël montèrent en armes hors du pays d'Egypte (Exode 13:17-18).

Dieu prévoit de grandes bénédictions dans notre vie et comme pour toute bénédiction se cachent des combats, des obstacles et des difficultés, Il nous prépare aussi afin que nous ne soyons pas surpris. Les épreuves et les obstacles nous préparent à la gloire à venir. Dieu avait besoin d'un peuple préparé contre l'adversité, il ne voulait plus revivre l'expérience qu'il avait connue avec Adam et Eve. Ces derniers n'avaient que l'instruction de Dieu ; ils n'avaient pas d'expérience, aucune formation. Ils les avaient placés à la tête d'une grande entreprise (le Jardin d'Eden). Au premier obstacle, ils avaient fait tomber en faillite l'entreprise. Il en est de même de Noé qui condamna toute sa génération à l'autre rive lors de l'inondation après s'être enivré des fruits que lui-même avait plantés, portant ainsi la malédiction à l'autre rive car cette fois-là c'était Noé qui avait maudit son fils et non pas Dieu ; ensuite, Dieu avait essayé avec Caleb qui avait attendu 40 ans pour voir sa promesse s'accomplir, tandis que Joseph avait attendu 13 ans pour voir la sienne s'accomplir et le père de la foi avait attendu 25 ans pour voir Isaac naître... Il n'est pas impossible que Dieu nous donne ce que nous désirons en un clin d'œil car nous savons qu'Il a le pouvoir d'amener à l'existence ce qui n'existe pas comme si cela existe ; la Bible reconnaît que rien n'est impossible à Dieu car Il désire nous bénir après que nous avons atteint la maturité. Toutefois, la Bible déclare aussi que, "que sert-il à l'homme de gagner toute chose s'il perd son âme" tout en nous rappelant que seule la bénédiction de l'Eternel enrichi et ne s'en suit d'aucun chagrin. C'est pourquoi, avec Jésus, pour qu'il devienne le Christ, Dieu avait souhaité qu'il naisse, grandisse et apprenne la vie jusqu'à trente ans, symbole de l'âge adulte ou mature pour les Juifs de son époque. Dieu n'exclut aucune formation ou initiation malgré la présence du Saint Esprit.

> C'est là ce qui fait votre joie, quoique maintenant, puisqu'il le faut, vous soyez attristés pour un peu de temps par diverses épreuves, afin que l'épreuve de votre foi, plus précieuse que l'or périssable qui cependant est éprouvé par le feu, ait pour résultat la louange, la gloire et l'honneur, lorsque Jésus Christ apparaîtra (1 Pierre 1:6-7).
>
> Heureux l'homme qui supporte patiemment la tentation ; car, après avoir été éprouvé, il recevra la couronne de vie,

que le Seigneur a promise à ceux qui l'aiment (Jacques 1:12).

Voici, nous disons bienheureux ceux qui ont souffert patiemment. Vous avez entendu parler de la patience de Job, et vous avez vu la fin que le Seigneur lui accorda, car le Seigneur est plein de miséricorde et de compassion (Jacques 5:11).

8.2. Le parcours et les transitions

Voici les stations des enfants d'Israël qui sortirent du pays d'Egypte, selon leurs corps d'armée, sous la conduite de Moïse et d'Aaron. Moïse écrivit leurs marches de station en station, d'après l'ordre de l'Eternel. Et voici leurs stations, selon leurs marches (Nombres 33:1-2).

Dieu a voulu que Moïse écrive les stations et le parcours des enfants d'Israël pour qu'ils puissent instruire les générations futures concernant la manifestation de Dieu durant ce parcours, car la mémoire humaine est courte : les gens oublient vite ce que Dieu a autrefois fait dans leur vie. Par manque de souvenir, les générations futures risquaient d'être privées de références, livrées à elles-mêmes, d'où la nécessité d'écrire.

Or, tout ce qui a été écrit d'avance l'a été pour notre instruction, afin que, par la patience, et par la consolation que donnent les Ecritures, nous possédions l'espérance (Romains 15:4).

Or, ces choses sont arrivées pour nous servir d'exemples, afin que nous n'ayons pas de mauvais désirs, comme ils en ont eu (1 Corinthiens 10:6).

Nous étudierons quelques obstacles et en tirerons certaines instructions et leçons dans cette destinée ou parcours prophétique.

8.2.1. Premier obstacle : la Mer Rouge

> L'Eternel parla à Moïse, et dit : Parle aux enfants d'Israël ; qu'ils se détournent, et qu'ils campent devant Pi-Hahiroth, entre Migdol et la mer, vis-à-vis de Baal-Tsephon ; c'est en face de ce lieu que vous camperez, près de la mer. Pharaon dira des enfants d'Israël : Ils sont égarés dans le pays ; le désert les enferme. J'endurcirai le cœur de Pharaon, et il les poursuivra ; mais Pharaon et toute son armée serviront à faire éclater ma gloire, et les Egyptiens sauront que je suis l'Eternel. Et les enfants d'Israël firent ainsi. On annonça au roi d'Egypte que le peuple avait pris la fuite. Alors le cœur de Pharaon et celui de ses serviteurs furent changés à l'égard du peuple. Ils dirent : Qu'avons-nous fait, en laissant aller Israël, dont nous n'aurons plus les services ? Et Pharaon attela son char, et il prit son peuple avec lui. (...) Pharaon approchait. Les enfants d'Israël levèrent les yeux, et voici, les Egyptiens étaient en marche derrière eux. Et les enfants d'Israël eurent une grande frayeur, et crièrent à l'Eternel. Ils dirent à Moïse : N'y avait-il pas des sépulcres en Egypte, sans qu'il fût besoin de nous mener mourir au désert ? Que nous as-tu fait en nous faisant sortir d'Egypte ? N'est-ce pas là ce que nous te disions en Egypte : Laisse-nous servir les Egyptiens, car nous aimons mieux servir les Egyptiens que de mourir au désert ? Moïse répondit au peuple : Ne craignez rien, restez en place, et regardez la délivrance que l'Eternel va vous accorder en ce jour ; car les Egyptiens que vous voyez aujourd'hui, vous ne les verrez plus jamais. L'Eternel combattra pour vous ; et vous, gardez le silence. L'Eternel dit à Moïse : Pourquoi ces cris ? Parle aux enfants d'Israël, et qu'ils marchent. Toi, lève ta verge, étends ta main sur la mer, et fends-la ; et les enfants d'Israël entreront au milieu de la mer à sec (Exode 14:1-6, 10-16).

La mer rouge fut le premier obstacle sur le parcours de ce peuple. Chaque obstacle instruit Israël sur les capacités de leur Dieu. Devant Lui, rien n'est impossible. Il est capable de frayer le chemin pour Son peuple face à l'obstacle et à l'adversité. Il est également capable de créer des situations qui n'existaient pas auparavant : par la mer rouge, Dieu a voulu démontrer à Israël Sa puissance et Sa magnificence dans le but d'affermir leur foi et les rassurer que, quels que fussent les obstacles ou l'adversité rien ne pouvait l'empêcher d'accomplir Ses desseins.

> Je sais que l'Eternel est grand, Et que notre Seigneur est au-dessus de tous les dieux. Tout ce que l'Eternel veut, il le fait, Dans les cieux et sur la terre, Dans les mers et dans tous les abîmes (Psaumes 135:5-6).

> Jésus les regarda, et dit : Cela est impossible aux hommes, mais non à Dieu : car tout est possible à Dieu (Marc 10:27).

Il dira : "Vous traverserez les mers mais elles ne vous avaleront pas." N'oublions pas que Pierre marcha sur la mer sur l'ordre du Seigneur. La mer rouge est aussi le symbole du baptême, qui est un engagement vers une nouvelle vie. Le fait de traverser vers l'autre rive de la mer est comparable à l'acte accompli par leur père Abraham, l'Hébreu, qui passa à l'autre rive.

Pour acquérir de l'expérience, il nous faut toujours aller à l'autre rive. Pour nous, c'est un obstacle, mais pour Dieu, c'est une étape dans notre parcours. Il nous demande de croire et de traverser si nous comptons sur Lui. Essayons de représenter la mer pour comprendre pourquoi cet obstacle paraît si grand. En effet, la mer rouge peut signifier la population, les langues, les foules etc., selon le livre de l'Apocalypse :

> Et il me dit : Les eaux que tu as vues, sur lesquelles la prostituée est assise, ce sont des peuples, des foules, des nations, et des langues (Apocalypse 17:15).

Parfois, il nous est difficile de changer de côté juste parce que, du côté où l'on se trouve, on est populaire. Et si l'on change, on risque d'être rejeté, voire ne pas être accepté. On sera différent et incompris, on parlera une autre langue ou un autre langage. Mais Le Seigneur nous dit que si nous ne sommes pas prêts à tout abandonner derrière nous et à prendre notre croix, nous ne serons pas dignes d'être appelés Ses disciples. La plupart des gens qui servent Dieu ont devant eux cet obstacle à surmonter. Pierre dit :

> Nous avons laissé nos, familles, nos biens. Que gagnerons-nous en te suivant ? Jésus lui répond ceci : Dans ce siècle au centuple tout ce que vous avez perdu, et dans le siècle à venir la vie éternelle (Matthieu 19:27-29).

Il est vrai que le changement fait peur, néanmoins s'il est provoqué par Dieu, c'est pour notre bien mais aussi, nous aurons à traverser des obstacles : nos amis, nos familles, etc. Beaucoup des personnes qui servent le Seigneur ont appris à abandonner des choses qui avaient des grandes valeurs pour elles.

8.2.2. Deuxième obstacle : le désert

Le désert, en Hébreux *Midbar* et en grec *Erêmos* : plaine ouverte, inhabité, non cultivée, où les bêtes sauvages errent librement ou *Arabhah* (Hébreux) qui signifie plaine ou région aride :

> Et voici, comme les ânes sauvages du désert, Ils sortent le matin pour chercher de la nourriture, Ils n'ont que le désert pour trouver le pain de leurs enfants (Job 24:5).

Le désert est souvent illustré comme une solitude affreuse, un lieu de désolation.

> Il l'a trouvé dans une contrée déserte, Dans une solitude aux effroyables hurlements ; Il l'a entouré, il en a pris soin, Il l'a gardé comme la prunelle de son œil (Deutéronome 32:10).

> Oracle sur le désert de la mer. Comme s'avance l'ouragan du midi, Il vient du désert, du pays redoutable (Esaïe 21:1).

Le désert fournit aussi un endroit de pâture et de rencontre avec Dieu.

> Moïse faisait paître le troupeau de Jéthro, son beau-père, sacrificateur de Madian ; et il mena le troupeau derrière le désert, et vint à la montagne de Dieu, à Horeb (Exode 3:1).

Les allusions au désert sont nombreuses dans la Bible pour démontrer que c'est un endroit important. Bien que son image soit associée à la privation et la désolation, c'est un endroit de préparation, un endroit où un grand nombre d'hommes de Dieu avaient tenté l'expérience avec Lui (n'oublions pas non plus qu'Israël se situe dans une région désertique), Agar, Moïse, David, Jean Baptiste, Jésus Christ et tant d'autres rencontrèrent Dieu dans le désert :

> L'ange de l'Eternel la trouva près d'une source d'eau dans le désert, près de la source qui est sur le chemin de Schur (Genèse 16:7).

> En ce temps-là parut Jean Baptiste, prêchant dans le désert de Judée (Matthieu 3:1).

Alors le désert étant un obstacle dans notre parcours, nous avons besoin de Dieu pour transformer cet endroit inculte et inhabité, c'est pourquoi il dit ce qui suit par la bouche du prophète Esaïe :

> Voici, je vais faire une chose nouvelle, sur le point d'arriver : Ne la connaîtrez-vous pas ? Je mettrai un chemin dans le désert, Et des fleuves dans la solitude. Les bêtes des champs me glorifieront, Les chacals et les autruches, Parce que j'aurai mis des eaux dans le désert, des fleuves dans la solitude, pour abreuver mon peuple, mon élu (Esaïe 43:19-20).

> Et ils n'auront pas soif dans les déserts où il les conduira : Il fera jaillir pour eux l'eau du rocher, Il fendra le rocher, Et l'eau coulera (Esaïe 48:21).

Pourquoi Dieu a-t-Il fait passer son peuple dans le désert alors que c'est un endroit désolé et inhabité ? Dieu a permis à son peuple de transiter par le désert alors qu'il y avait un raccourci, uniquement pour les former et les préparer à la grande bénédiction qui les attendait ; Il voulait leur apprendre à mieux se conduire dans sa bénédiction et surtout à dépendre de Lui.

> Souviens-toi de tout le chemin que l'Eternel, ton Dieu, t'a fait faire pendant ces quarante années dans le désert, afin de **t'humilier** et de **t'éprouver**, pour savoir quelles étaient les dispositions de ton cœur et si tu garderais ou non ses commandements. Il t'a humilié, il t'a fait souffrir de la faim, et il t'a nourri de la manne, que tu ne connaissais pas et que n'avaient pas connue tes pères, **afin de t'apprendre que l'homme ne vit pas de pain seulement, mais que l'homme vit de tout ce qui sort de la bouche de l'Eternel.** (…) Lorsque tu mangeras et te rassasieras, lorsque tu bâtiras et habiteras de belles maisons, lorsque tu verras multiplier ton gros et ton menu bétail, s'augmenter ton argent et ton or, et s'accroître tout ce qui est à toi, prends garde que ton cœur ne s'enfle, et que tu n'oublies l'Eternel, ton Dieu, qui t'a fait sortir du pays d'Egypte, de la maison de servitude, qui t'a fait marcher dans ce grand et affreux désert, où il y a des serpents brûlants et des scorpions, dans des lieux arides et sans eau, et qui a fait jaillir pour toi de l'eau du rocher le plus dur, qui t'a fait manger dans le désert la manne inconnue à tes pères, **afin de t'humilier et de t'éprouver, pour te faire ensuite du bien.** Garde-toi de dire en ton cœur : Ma force et la puissance de ma main m'ont acquis ces richesses. Souviens-toi de l'Eternel, ton Dieu, **car c'est lui qui te donnera de la force pour les acquérir**, afin de confirmer, comme il le fait aujourd'hui, son alliance qu'il a jurée à tes pères (Deutéronome 8:2-3, 12-18).

Après cette lecture, il n'est pas nécessaire de commenter davantage car tout au long de cet ouvrage, nous laissons la Bible s'interpréter elle-même.

8.2.3. Troisième obstacle : la faim

La faim est une sensation qui révèle l'envie ou le besoin de manger :

> Toute l'assemblée des enfants d'Israël partit d'Elim, et ils arrivèrent au désert de Sin, qui est entre Elim et Sinaï, le quinzième jour du second mois après leur sortie du pays d'Egypte. Et toute l'assemblée des enfants d'Israël murmura dans le désert contre Moïse et Aaron. Les enfants d'Israël leur dirent : Que ne sommes-nous morts par la main de l'Eternel dans le pays d'Egypte, quand nous étions assis près des pots de viande, quand nous mangions du pain à satiété ? Car vous nous avez menés dans ce désert pour faire mourir de faim toute cette multitude. L'Eternel dit à Moïse : Voici, je ferai pleuvoir pour vous du pain, du haut des cieux. Le peuple sortira, et en ramassera, jour par jour, la quantité nécessaire, afin que je le mette à l'épreuve, et que je voie s'il marchera, ou non, selon ma loi (Exode 16:1-4).

La faim est une sensation normale au quotidien de la vie d'un homme. La nourriture fortifie et nourrit notre corps physique, c'est un besoin qu'il nous faut savoir gérer et maîtriser. A cause de la faim, beaucoup ont commis des erreurs irréparables. C'est le cas d'Ésaü avec son frère. Pour Israël, au lieu de demander du pain à manger au Seigneur, le peuple murmurait, se lamentait et avait fini par se révolter. Bien souvent, nous passons notre temps à nous lamenter lorsque nos besoins ne sont pas assouvis au lieu de prier. Nous oublions que Dieu prend soin de nous. Il déteste les murmures et les lamentations car pour Lui cela est un signe d'incrédulité. Sachant que mon père peut tout me donner, pourquoi devrais-je murmurer ou me lamenter au lieu d'aller vers Lui pour lui dire que j'ai faim ou que j'ai besoin de ceci ou de cela ? Quand nous murmurons, nous enflammons la colère de Dieu contre nous, car à chaque fois qu'on s'inquiète et qu'on murmure, c'est comme si on disait qu'Il était incapable de satisfaire à nos besoins. C'est précisément pour cette raison qu'Il fit passer Israël par le désert pour leur faire comprendre qu'ils n'avaient besoin de rien pour satisfaire leurs besoins, excepté de Lui car il est "le Dieu de toute suffisance." En hébreux on l'appelle '*Élohim*'. Son vouloir est égal à Son pouvoir, ce qu'Il veut, Il le peut, n'importe où et n'importe quand.

> C'est pourquoi je vous dis : Ne vous inquiétez pas pour votre vie de ce que vous mangerez, ni pour votre corps, de quoi vous serez vêtus. La vie n'est-elle pas plus que la nourriture, et le corps plus que le vêtement ? Regardez les oiseaux du ciel : ils ne sèment ni ne moissonnent, et ils n'amassent rien dans des greniers ; et votre Père céleste les nourrit. Ne valez-vous pas beaucoup plus qu'eux ? Qui de vous, par ses inquiétudes, peut ajouter une coudée à la durée de sa vie ? Et pourquoi vous inquiéter au sujet du vêtement ? Considérez comment croissent les lis des champs : ils ne travaillent ni ne filent ; cependant je vous dis que Salomon même, dans toute sa gloire, n'a pas été vêtu comme l'un d'eux. Si Dieu revêt ainsi l'herbe des champs, qui existe aujourd'hui et qui demain sera jetée au four, ne vous vêtira-t-il pas à plus forte raison, gens de peu de foi ? Ne vous inquiétez donc point, et ne dites pas : Que mangerons-nous ? Que boirons-nous ? De quoi serons-nous vêtus ? Car toutes ces choses, ce sont les Païens qui

les recherchent. Votre Père céleste sait que vous en avez besoin. Cherchez premièrement le royaume et la justice de Dieu ; et toutes ces choses vous seront données par-dessus. Ne vous inquiétez donc pas du lendemain ; car le lendemain aura soin de lui-même. A chaque jour suffit sa peine (Matthieu 6:25-34).

Ne vous inquiétez de rien ; mais en toute chose faites connaître vos besoins à Dieu par des prières et des supplications, avec des actions de grâce. Et la paix de Dieu, qui surpasse toute intelligence, gardera vos cœurs et vos pensées en Jésus Christ (Philippiens 4:6-7).

8.2.4. Quatrième obstacle : la soif

La soif est le désir, l'envie ou le besoin de boire :

> Toute l'assemblée des enfants d'Israël partit du désert de Sin, selon les marches que l'Eternel leur avait ordonnées; et ils campèrent à Rephidim, où le peuple ne trouva point d'eau à boire. Alors le peuple chercha querelle à Moïse. Ils dirent : Donnez-nous de l'eau à boire. Moïse leur répondit : Pourquoi me cherchez-vous querelle ? Pourquoi tentez-vous l'Eternel ? Le peuple était là, pressé par la soif, et murmurait contre Moïse. Il disait : Pourquoi nous as-tu fait monter hors d'Egypte, pour me faire mourir de soif avec mes enfants et mes troupeaux ? Moïse cria à l'Eternel, en disant : Que ferai-je à ce peuple ? Encore un peu, et ils me lapideront. L'Eternel dit à Moïse : Passe devant le peuple, et prends avec toi des anciens d'Israël; prends aussi dans ta main ta verge avec laquelle tu as frappé le fleuve, et marche ! Voici, je me tiendrai devant toi sur le rocher d'Horeb ; tu frapperas le rocher, et il en sortira de l'eau, et le peuple boira. Et Moïse fit ainsi, aux yeux des anciens d'Israël. Il donna à ce lieu le nom de Massa et Meriba, parce que les enfants d'Israël avaient contesté, et parce qu'ils avaient tenté l'Eternel, en disant : L'Eternel est-il au milieu de nous, ou n'y est-il pas ? (Exode 17:1-7).

Ce besoin est similaire au précédent, sauf qu'il concerne la soif et la boisson. Ce besoin est toujours nécessaire même quand nous sommes rassasiés. La soif ne s'étanche qu'une fois qu'on a bu. L'eau a plusieurs symboles dans la Parole de Dieu :
- symbole de la vie
- symbole de la Parole de Dieu
- symbole de l'esprit
- symbole de l'univers

A cause de la soif qui le pressait, Israël but à Mara alors qu'à trois heures de là, il y avait Elim avec ses douze sources d'eau et ses soixante-dix palmiers.

> Ils arrivèrent à Elim, où il y avait douze sources d'eau et soixante-dix palmiers. Ils campèrent là, près de l'eau (Exode 15:27).

Combien de fois, dans notre vie, commettons-nous des erreurs à cause de l'impatience ? Nous buvons à Mara (amer ou amertume) alors qu'à trois heures de là, il y a une bonne chose. Je me souviens d'une sœur qui avait un fiancé en Europe. A cause de son impatience, et oubliant que ses parents avaient reçu la pré-dot et la dot, la sœur avait oublié ses vœux de fiançailles en acceptant de sortir avec un autre homme. La famille du fiancé était venue un jour avec un billet d'avion, un passeport avec un visa pour que la sœur puisse rejoindre son fiancé en Europe. Malheureusement, ils l'avaient trouvée dans les bras d'un autre homme, la tête sur ses épaules. Après quelques jours, cette sœur avait découvert que l'homme pour qui elle avait quitté son fiancé était marié. Une expérience amère pour elle !

En lisant ces lignes aujourd'hui, j'aimerais vous encourager à avoir de la persévérance, de patienter dans l'attente des choses grandes qui se réaliseront dans votre vie. En Angleterre il y a un dicton qui dit : *'Patience is vertue'*, à savoir, la patience est une vertu. Si nous ne voulons pas avoir des expériences amères, il nous faut parfois attendre tout en ayant l'espérance, surtout quand on sait qu'il y a une bonne chose devant nous. Si elle tarde à arriver, il nous faut de la persévérance, c'est-à-dire attendre, même dans la douleur "car les projets qu'il a formé pour vous ne sont pas les projets de malheur mais de bonheur et de paix afin de vous donner un bon avenir," dit le Seigneur.

Mais si jamais vous avez connu une expérience amère, comptez sur Dieu parce qu'Il a toujours une solution pour nous et cette solution, c'est un morceau de bois synonyme de la croix de Jésus Christ. Il a le pouvoir de transformer l'eau amère en eau potable, une expérience amère en une bonne leçon car "Nous savons, du reste, que toutes choses concourent au bien de ceux qui aiment Dieu, de ceux qui sont appelés selon son dessein" (Romains 8:28).

Note : en étudiant les obstacles et en parlant de la soif, j'exhorte tout étudiant de la Parole de Dieu à accorder une grande importance à ces sujets, car la réaction de Moïse au chapitre 17 du livre de l'Exode lui a fait manquer l'entrée dans le pays des promesses.

> Frères, je ne veux pas que vous ignoriez que nos pères ont tous été sous la nuée, qu'ils ont tous passé au travers de la mer, qu'ils ont tous été baptisés en Moïse dans la nuée et dans la mer, qu'ils ont tous mangé le même aliment spirituel, 4 et qu'ils ont tous bu le même breuvage spirituel, **car ils buvaient à un rocher spirituel qui les suivait, et ce rocher était Christ.** Mais la plupart d'entre eux ne furent point agréables à Dieu, puisqu'ils périrent dans le désert. **Or, ces choses sont arrivées pour nous servir d'exemples, afin que nous n'ayons pas de mauvais désirs, comme ils en ont eu** (1 Corinthiens 10:1-6).

Quand vous avez soif, sachez aussi que le rocher des âges est toujours avec vous. Il suffit de frapper comme Moïse et il s'ouvrira.

8.2.5. Cinquième obstacle : les guerres

> Malek vint combattre Israël à Rephidim. Alors Moïse dit à Josué : Choisis-nous des hommes, sors, et combats Amalek ; demain je me tiendrai sur le sommet de la colline, la verge de Dieu dans ma main. Josué fit ce que lui avait dit Moïse, pour combattre Amalek. Et Moïse, Aaron et Hur montèrent au sommet de la colline. Lorsque Moïse élevait sa main, Israël était le plus fort ; et lorsqu'il baissait sa main, Amalek était le plus fort. Les mains de Moïse étant fatiguées, ils prirent une pierre qu'ils placèrent sous lui, et il s'assit dessus. Aaron et Hur soutenaient ses mains, l'un d'un côté, l'autre de l'autre ; et ses mains restèrent fermes jusqu'au coucher du soleil. Et Josué vainquit Amalek et son peuple, au tranchant de l'épée. L'Eternel dit à Moïse : Ecris cela dans le livre, pour que le souvenir s'en conserve, et déclare à Josué que j'effacerai la mémoire d'Amalek de dessous les cieux. Moïse bâtit un autel, et lui donna pour nom : l'Eternel ma bannière. **Il dit : Parce**

> **que la main a été levée sur le trône de l'Eternel, il y aura guerre de l'Eternel contre Amalek, de génération en génération** (Exode 17:8-16).

Son nom parle mieux : Israël signifie celui qui a combattu contre les hommes et contre Dieu mais en est sorti vainqueur. En ce jour, une leçon nous est donnée que la victoire est nôtre quand nous restons unis. Josué et Aaron soutenaient les mains de Moïse assis sur une Pierre. Aussi, Dieu dit que la guerre contre Amalec passerait de génération en génération. Mais de quelle guerre s'agit-il ? On risque de tomber dans un piège car les gens interprètent mal la Parole de Dieu et l'utilisent à des fins égoïstes. Dieu déteste la guerre. C'est ainsi qu'on l'appelle Jéhovah Shalom ou le Dieu de paix. Cette bataille pour Israël était physique mais elle est spirituelle pour nous. Ainsi la Bible dit :

> Car nous n'avons pas à lutter contre la chair et le sang, mais contre les dominations, contre les autorités, contre les princes de ce monde de ténèbres, contre les esprits méchants dans les lieux célestes (Ephésiens 6:12).

On doit apprendre à faire la bataille spirituelle pour conquérir notre paix, notre joie, notre prospérité, notre santé, notre famille, car notre ennemi rôde comme un lion à la recherche d'une proie à dévorer. L'ennemi a peu de temps. La Bible l'appelle voleur, il ne vient que pour dévorer, détruire et tuer. Restons sur nos gardes et sachons lui résister avec une ferme assurance. Il fuira loin de nous lorsqu'il sera vaincu.

> *Note : Comme la bataille est spirituelle, nous devons nous revêtir des armes spirituelles :*
>> Au reste, fortifiez-vous dans le Seigneur, et par sa force toute-puissante. Revêtez-vous de toutes les armes de Dieu, afin de pouvoir tenir ferme contre les ruses du diable. Car nous n'avons pas à lutter contre la chair et le sang, mais contre les dominations, contre les autorités, contre les princes de ce monde de ténèbres, contre les esprits méchants dans les lieux célestes. C'est pourquoi, prenez toutes les armes de Dieu, afin de pouvoir résister dans le mauvais jour, et tenir ferme après avoir tout surmonté. Tenez donc ferme : ayez à vos reins la vérité pour ceinture ; revêtez la cuirasse de la justice ; mettez pour chaussure à vos pieds le zèle que donne l'Evangile de paix ; prenez par-dessus tout cela le bouclier de la foi, avec lequel vous pourrez éteindre tous les traits enflammés du malin ; prenez aussi le casque du salut, et l'épée de l'Esprit, qui est la Parole de Dieu. **Faites en tout temps par l'Esprit toutes sortes de prières et de supplications. Veillez à cela avec une entière persévérance, et priez pour tous les saints** (Ephésiens 6:10-18).

Toutes ces armes se manifestent dans notre vie au travers d'une vie consacrée de prière, par la méditation et la sanctification.

8.2.6. Sixième obstacle : la maladie

La maladie est une condition anormale du corps ou de l'esprit d'un être humain qui cause de l'inconfort. La maladie est un problème de santé chez un être vivant qui se traduit par une baisse des capacités physiques, de la fatigue ou plus généralement par un dysfonctionnement, une altération du métabolisme qui peut finalement causer la mort.

> Alors l'Eternel envoya contre le peuple des serpents brûlants ; ils mordirent le peuple, et il mourut beaucoup de gens en Israël. Le peuple vint à Moïse, et dit : Nous avons péché, car nous avons parlé contre l'Eternel et contre toi. Prie l'Eternel, afin qu'il éloigne de nous ces serpents. Moïse pria pour le peuple. L'Eternel dit à Moïse : Fais-toi un serpent brûlant, et place-le sur une perche ; quiconque aura été mordu, et le regardera, conservera la vie. Moïse fit un serpent d'airain, et le plaça sur une perche ; et quiconque avait été mordu par un serpent, et regardait le serpent d'airain, conservait la vie (Nombres 21:6-9).

L'impatience d'Israël fut à l'origine de nombreux problèmes sur son parcours. Ainsi, Dieu les frappa de plusieurs maladies qui provoquèrent la mort. Néanmoins, Il demeure le seul capable d'opérer la guérison car elle se trouve sous ses ailes.

> Mais pour vous qui craignez mon nom, se lèvera Le soleil de la justice, **Et la guérison sera sous ses ailes** ; Vous sortirez, et vous sauterez comme les veaux d'une étable (Malachie 4:2).

Si nous voulons tirer un enseignement du texte de Moïse, on ne peut plus élever un serpent pour avoir la guérison de nos jours, d'autant plus que cela sera assimilé à de l'idolâtrie. Une fois de plus, nous devons répéter que ces pratiques n'étaient que l'ombre des choses à venir.

> Et comme Moïse éleva le serpent dans le désert, il faut de même que le Fils de l'homme soit élevé, afin que quiconque croit en lui ait la vie éternelle (Jean 3:14-15).

Aujourd'hui, dans nos sociétés, le serpent n'est plus élevé car nous savons qui est le serpent :

> Et il fut précipité, le grand dragon, le serpent ancien, appelé le diable et Satan, celui qui séduit toute la terre, il fut précipité sur la terre, et ses anges furent précipités avec lui (Apocalypse 12:9).

De plus, le serpent cause des morsures qui produisent la mort. L'unique moyen de survivre et d'être sauvé c'est de tourner notre regard vers Jésus Christ.

8.2.7. Septième obstacle : l'idolâtrie

L'idolâtrie, c'est l'adoration des idoles, le culte des dieux d'une religion polythéiste ou animiste. Le nom idolâtrie vient du grec ancien *eidololatria*, formé de *eidolon*, 'image' ou 'représentation', et *latreia* ('service de mercenaire', 'latrie', 'culte', 'adoration').

Bien que le terme grec semble être un emprunt à l'expression hébraïque *avodat elilim*, qui apparaît dans la littérature rabbinique ; le terme grec lui-même ne se trouve ni dans les écrits Juifs hellénistiques, ni dans la littérature païenne grecque. Il n'apparaît dans le Nouveau Testament que dans les épîtres de Paul, dans la Première épître de Pierre et dans l'Apocalypse.

Les termes hébreux pour l'idolâtrie sont, parmi d'autres, *avodah zarah* (adoration étrangère) et *avodat kochavim umazalot* (adoration de planètes et des constellations).

> Il les reçut de leurs mains, jeta l'or dans un moule, et fit un veau en fonte. Et ils dirent : Israël ! Voici ton dieu, qui t'a fait sortir du pays d'Egypte. (...) Ils se sont promptement écartés de la voie que je leur avais prescrite ; ils se sont

> fait un veau en fonte, ils se sont prosternés devant lui, ils lui ont offert des sacrifices, et ils ont dit : Israël ! Voici ton dieu, qui t'a fait sortir du pays d'Egypte. (...) Et, comme il approchait du camp, il vit le veau et les danses. La colère de Moïse s'enflamma ; il jeta de ses mains les tables, et les brisa au pied de la montagne. Il prit le veau qu'ils avaient fait, et le brûla au feu ; il le réduisit en poudre, répandit cette poudre à la surface de l'eau, et fit boire les enfants d'Israël. (...) Je leur ai dit : Que ceux qui ont de l'or, s'en dépouillent ! Et ils me l'ont donné ; je l'ai jeté au feu, et il en est sorti ce veau. (...) L'Eternel frappa le peuple, parce qu'il avait fait le veau, fabriqué par Aaron (Exode 32:4, 8, 19-20, 24, 35).

A cause de la désobéissance, la révolte ou la rébellion, l'impatience et l'idolâtrie, Israël avait comme obstacles et ennemis que lui-même : du fait de cette attitude, la grande sœur de Moïse Myriam, son grand-frère Aaron, ainsi que Datan, Abiram, Coré et toute la génération qui était sortie d'Egypte, n'entra pas dans le pays des promesses. Seuls Josué et Caleb, les deux espions qui n'avaient pas regardé la taille de l'ennemi mais la taille de leur Dieu, furent sauvés parmi toute cette génération et entrèrent au pays des promesses.

Aujourd'hui, la main de Dieu ne se manifeste plus parmi nous à cause de nos comportements néfastes. Comme Aaron et Myriam, certaines personnes négligent les hommes de Dieu, soit à cause de leur âge, leur taille, leur race ou leur provenance. Cela nous amène la malédiction. Il n'existe pas d'hommes de Dieu puissants ou faibles mais il y a bien des peuples de Dieu puissants et faibles car

Jésus Christ en qui habite toute la plénitude de la divinité, n'a pas pu accomplir de miracles à Jérusalem comme Il le faisait dans d'autres contrées. Il a dit lui-même que "Nul n'est prophète chez lui." A Jérusalem tout le monde avait un préjugé sur sa personne. Un homme de Dieu reste un homme de Dieu en dépit de son âge, sa race, sa taille et il mérite le respect et la considération de toute personne qui veut recevoir la bénédiction par lui car Dieu ne bénit qu'à travers des hommes. C'est pour cette raison qu'Il a donné des dons aux hommes.

Un autre problème est celui du leadership. Moïse est parti en prière pendant quarante jours à la montagne comme Christ est parti vers le Père pour nous préparer une place. Israël s'est impatienté à cause du temps que Moïse a passé à la montagne. Combien, aujourd'hui, croient au retour de Jésus Christ, mais à cause du temps qu'Il prend pour retourner, s'impatientent ? Jésus lui-même s'interrogea de la sorte : quand le fils de l'homme viendra trouvera-t-il la foi sur la terre ? Gloire soit rendue à Dieu car à cause des élus, Il a réduit le temps du retour du Christ. Par son impatience Israël a fait pression à Aaron qui est l'image d'un leader faible, pour lui proposer de lui bâtir un veau d'or, alors que c'est au leader de guider le peuple. Dans cette situation, c'est le peuple qui a conduit son leader. Que retenir de cette image ? Un portrait parfait de cet âge. Certes, ils ne pouvaient pas fabriquer un veau qui dépasserait la quantité de leur or ; s'ils avaient 100 kg d'or, le veau n'allait jamais être de 101 kg. Aujourd'hui les hommes désirent un dieu sur mesure : un dieu selon notre culture, un dieu selon nos habitudes, un dieu selon nos capacités... et que font les hommes de Dieu dans nos églises maintenant ? Ils 'taillent' leur prédication selon la volonté et les capacités des hommes ou du peuple.

La Bible déclare ce qui suit :

> Prêche la parole, insiste en toute occasion, favorable ou non, reprends, censure, exhorte, avec toute douceur et en instruisant. **Car il viendra un temps où les hommes ne supporteront pas la saine doctrine ; mais, ayant la démangeaison d'entendre des choses agréables, ils se donneront une foule de docteurs selon leurs propres désirs,** détourneront l'oreille de la vérité, et se tourneront vers les fables (2 Timothée 4:2-4).

Aujourd'hui, l'Église est remplie de leaders sans caractère qui poussent les fidèles dans l'idolâtrie. Soit c'est l'homme de Dieu, l'argent, l'habillement qui devient l'idole ou autre chose encore car tout ce qui prend la première place dans votre vie devient une idole.

> Tu aimeras l'Eternel, ton Dieu, de tout ton cœur, de toute ton âme et de toute ta force. Première commandement de Dieu (Deutéronome 6:5).

Dans la même lignée, pour beaucoup, le Seigneur de gloire tarde à revenir, alors ils ont recours aux sciences occultes, consultant les astres et d'autres divinités en leur rendant un culte, ce qui réveille la colère de Dieu.

Chapitre IX
CANAAN OU LA TERRE PROMISE

Lorsqu'Abram fut âgé de quatre-vingt-dix-neuf ans, l'Eternel apparut à Abram, et lui dit : Je suis le Dieu tout-puissant. Marche devant ma face, et sois intègre. J'établirai mon alliance entre moi et toi, et je te multiplierai à l'infini. Abram tomba sur sa face ; et Dieu lui parla, en disant : Voici mon alliance, que je fais avec toi. Tu deviendras père d'une multitude de nations. On ne t'appellera plus Abram ; mais ton nom sera Abraham, car je te rends père d'une multitude de nations. Je te rendrai fécond à l'infini, je ferai de toi des nations ; et des rois sortiront de toi. J'établirai mon alliance entre moi et toi, et tes descendants après toi, selon leurs générations : ce sera une alliance perpétuelle, en vertu de laquelle je serai ton Dieu et celui de ta postérité après toi. Je te donnerai, et à tes descendants après toi, le pays que tu habites comme étranger, tout le pays de Canaan, en possession perpétuelle, et je serai leur Dieu (Genèse 17:1-8).

9.1. Origine de Canaan ou Chanaan.

Le nom de Canaan ne fut probablement donné d'abord qu'à la côte basse de la Palestine, pour la distinguer de la région montagneuse voisine.

> Les Amalécites habitent la contrée du midi ; les Héthiens, les Jébusiens et les Amoréens habitent la montagne ; et les Cananéens habitent près de la mer et le long du Jourdain (Nombres 13:29).
>
> ...aux Cananéens de l'Orient et de l'Occident, aux Amoréens, aux Héthiens, aux Phéréziens, aux Jébusiens dans la

> montagne, et aux Héviens au pied de l'Hermon dans le pays de Mitspa (Josué 11:3).

Plus tard, on désignera également sous cette appellation la vallée du Jourdain, et finalement la Palestine entière à l'Ouest du fleuve. Le nom 'Canaan' devint l'un des plus courants pour indiquer le pays qu'habitaient les Hébreux, bien que n'occupant en réalité que la partie montagneuse de la Palestine et la vallée du Jourdain, avec un lambeau seulement de la côte maritime.

> Térach prit Abram, son fils, et Lot, fils d'Haran, fils de son fils, et Saraï, sa belle-fille, femme d'Abram, son fils. Ils sortirent ensemble d'Ur en Chaldée, pour aller au pays de Canaan. Ils vinrent jusqu'à Charan, et ils y habitèrent (Genèse 11:31).

> Envoie des hommes pour explorer le pays de Canaan, que je donne aux enfants d'Israël. Tu enverras un homme de chacune des tribus de leurs pères ; tous seront des principaux d'entre eux (Nombres 13:2).

Rappelons-nous que Dieu visait un double but en commandant de détruire complètement les Cananéens et de les expulser. Dieu voulait les châtier et empêcher la contagion du mal, mais cela ne peut pas s'expliquer aujourd'hui car toutes ces choses n'étaient que l'ombre des choses à venir.

> A la quatrième génération, ils reviendront ici ; car l'iniquité des Amoréens n'est pas encore à son comble (Genèse 15:16).

> Le pays en a été souillé ; je punirai son iniquité, et le pays vomira ses habitants (Lévitique 18:25).

Canaan représente à la fois :

- le Pays de la promesse
- la Terre d'alliance
- la Terre des visitations
- le Pays du lait et du miel

9.2. Caractéristiques de Canaan

- Terre occupée par un autre peuple.
- Terre de conquêtes et de Guerres.
- Terre de travail parce que la manne cessa de tomber.

Toute tribu connaissait sa part et sa responsabilité dans la conquête avec l'appui de ses frères.

> La manne cessa le lendemain de la Pâque, quand ils mangèrent du blé du pays; les enfants d'Israël n'eurent plus de manne, et ils mangèrent des produits du pays de Canaan cette année-là (Josué 5:12).

Une fois au pays des promesses, la manne cessera de tomber car nous devons vivre de produits du pays. Ceci nous instruit sur le fait que quand nous sommes encore des bébés spirituels, Dieu nous exauce facilement et pourvoit à nos besoins et surtout, il compatit. Une fois adultes en esprit, nous devons être à mesure de combattre et de trouver des solutions à nos problèmes car nous connaissons désormais nos droits et nos devoirs

> Le soir étant venu, les disciples s'approchèrent de lui, et dirent : Ce lieu est désert, et l'heure est déjà avancée ; ren-

voie la foule, afin qu'elle aille dans les villages, pour s'acheter des vivres. 16 Jésus leur répondit : Ils n'ont pas besoin de s'en aller ; **donnez-leur vous-mêmes à manger** (Matthieu 14:15-16).

Quand on a grandi en esprit, c'est à nous de trouver des solutions aux problèmes, ayant la connaissance et le pouvoir de Dieu. Dans la partie qui suit, nous examinerons le tirage au sort, le partage de l'héritage par rapport à la vie chrétienne.

9.3. Pays partagé au sort dans la vieillesse de Josué

> Josué était vieux, avancé en âge. L'Eternel lui dit alors : Tu es devenu vieux, tu es avancé en âge, et le pays qui te reste à soumettre est très grand. Voici le pays qui reste : tous les districts des Philistins et tout le territoire des Gueschuriens, depuis le Schichor qui coule devant l'Egypte jusqu'à la frontière d'Ekron au nord, contrée qui doit être tenue pour cananéenne, et qui est occupée par les cinq princes des Philistins, celui de Gaza, celui d'Asdod, celui d'Askalon, celui de Gath et celui d'Ekron, et par les Avviens ; à partir du midi, tout le pays des Cananéens, et Meara qui est aux Sidoniens, jusqu'à Aphek, jusqu'à la frontière des Amoréens ; le pays des Guibliens, et tout le Liban vers le soleil levant, depuis Baal-Gad au pied de la montagne d'Hermon jusqu'à l'entrée de Hamath ; tous les habitants de la montagne, depuis le Liban jusqu'à Misrephoth-Maïm, tous les Sidoniens. Je les chasserai devant les enfants d'Israël. Donne seulement ce pays en héritage par le sort à Israël, comme je te l'ai prescrit ; et divise maintenant ce pays par portions entre les neuf tribus et la demi-tribu de Manassé (Josué 13:1-7).

Moïse est le symbole de Jésus Christ tout comme Josué est le symbole du Saint Esprit et le désert le symbole de la marche chrétienne. Comme Moïse, Jésus nous délivre de la main de l'ennemi, et comme Josué, le Saint Esprit nous a donné les dons qui se manifestent dans notre vie.

9.4. La conquête, une décision personnelle

Une chose est vraie : jamais Dieu ne nous forcera à aller de l'avant. Souvent il nous instruit que nous pourrons aller plus loin parce que nous avons des capacités pour le faire. Mais le comble est que dans la plupart des cas, nous sommes paresseux, nous ne voulons pas exercer notre foi et bien souvent l'exercice de la foi est considéré comme un risque. Comme celui prit par Pierre quand il décida de sortir de la barque et de marcher sur les eaux.

La seule différence réside dans le fait que l'homme de foi qui connaît les capacités de Dieu a toujours une ferme assurance dans tout ce qu'il fait, confiant que Dieu lui donnera le succès escompté.

Dans sa vieillesse, Josué avait fait un tirage au sort afin que tout le monde connaisse son héritage. Jésus nous délivre des mains du diable, mais Il est mort sans que les promesses de l'Eglise ne soient accomplies. Moïse également est mort sans qu'Israël accède au pays des promesses. Josué leur a donné son héritage en tirant au sort. C'était verbal et non matériel. A eux de se mettre en marche pour conquérir ce qui est à eux. C'est l'œuvre du Saint Esprit. Le Christ dit quand Il viendra, Il vous enseignera, vous convaincra, etc... Le Saint Esprit a fait des dons à l'Église mais Il ne se manifeste que quand on cherche à exercer ces dons.

Un homme de Dieu m'avait dit : "Tu ne sauras jamais que tu as le don de guérison jusqu'au jour où tu imposeras les mains sur quelqu'un pour le guérir." Dieu nous a donné la capacité de trouver des solutions à nos problèmes en nous accordant les dons de l'Esprit, ne soyons pas paresseux, mettons-nous au travail !

9.5. La paresse est à bannir

> En ce temps-là, il n'y avait point de roi en Israël ; et la tribu des Danites se cherchait une possession pour s'établir, car jusqu'à ce jour il ne lui était point échu d'héritage au milieu des tribus d'Israël. Les fils de Dan prirent sur eux tous, parmi leurs familles, cinq hommes vaillants, qu'ils envoyèrent de Tsorea et d'Eschthaol, pour explorer le pays et pour l'examiner. Ils leur dirent : Allez, examinez le pays. Ils arrivèrent dans la montagne d'Ephraïm jusqu'à la maison de Mica, et ils y passèrent la nuit. Comme ils étaient près de la maison de Mica, ils reconnurent la voix du jeune Lévite, s'approchèrent et lui dirent : Qui t'a amené ici ? Que fais-tu dans ce lieu ? Et qu'as-tu ici ? Il leur répondit : Mica fait pour moi telle et telle chose, il me donne un salaire, et je lui sers de prêtre. Ils lui dirent : Consulte Dieu, afin que nous sachions si notre voyage aura du succès. Et le prêtre leur répondit : Allez en paix ; le voyage que vous faites est sous le regard de l'Eternel. Les cinq hommes partirent, et ils arrivèrent à Laïs. Ils virent le peuple qui y était vivant en sécurité à la manière des Sidoniens, tranquille et sans inquiétude ; il n'y avait dans le

> pays personne qui leur fît le moindre outrage en dominant sur eux ; ils étaient éloignés des Sidoniens, et ils n'avaient pas de liaison avec d'autres hommes. Ils revinrent auprès de leurs frères à Tsorea et Eschthaol, et leurs frères leur dirent : Quelle nouvelle apportez-vous ? Allons ! répondirent-ils, montons contre eux ; car nous avons vu le pays, et voici, il est très bon. Quoi ! Vous restez sans rien dire ! Ne soyez point paresseux à vous mettre en marche pour aller prendre possession de ce pays. Quand vous y entrerez, vous arriverez vers un peuple en sécurité. Le pays est vaste, et Dieu l'a livré entre vos mains ; c'est un lieu où rien ne manque de tout ce qui est sur la terre (Juges 18:1-10).

La tribu des Danites se trouvait sans héritage. Les actes qu'ils posaient étaient de ceux qui voulaient gagner leur héritage (la santé, la prospérité etc…). La Bible dit qu'ils s'étaient bien organisés en choisissant cinq hommes parmi eux pour les diriger, ce qui symbolise aujourd'hui les cinq ministères. A cette époque-là, il n'y avait pas de roi en Israël. Ils avaient choisi ces hommes en raison de leurs qualités hors du commun. Ils avaient ensuite consulté l'Eternel parce qu'ils savaient que sans son recours, ils ne pourraient jamais réussir. Dans la vie, on oublie souvent de consulter Dieu alors que la Bible nous dit que rien ne s'accomplit sans lui. Combien de fois échoue-t-on sans Son recours ? Aujourd'hui, nous avons cinq ministères à travers lesquels nous ne cessons de voir combien de bénédictions nous sont réservées quand nous marchons avec Lui.

9.6. Le pays de Canaan se donne progressivement

Dieu sait qu'Il doit nous donner tout ce dont nous avons besoin, mais ceci ne dépend que de notre croissance spirituelle, car la croissance et la maturité nous donnent de l'autonomie.

> Or, aussi longtemps que l'héritier est enfant, je dis qu'il ne diffère en rien d'un esclave, quoiqu'il soit le maître de tout ; mais il est sous des tuteurs et des administrateurs jusqu'au temps marqué par le père (Galates 4:1-2).

> J'enverrai les frelons devant toi, et ils chasseront loin de ta face les Héviens, les Cananéens et les Héthiens. **Je ne les chasserai pas en une seule année loin de ta face, de peur que le pays ne devienne un désert et que les bêtes des champs ne se multiplient contre toi. Je les chasserai peu à peu loin de ta face, jusqu'à ce que tu augmentes en nombre et que tu puisses prendre possession du pays.** J'établirai tes limites depuis la mer Rouge jusqu'à la mer des Philistins, et depuis le désert jusqu'au fleuve ; car je livrerai entre vos mains les habitants du pays, et tu les chasseras devant toi (Exode 23:28-31).

Dieu désire que nous devenions matures et que nous soyons en mesure de jouir de notre bénédiction. Lorsque Dieu nous bénit, c'est pour devenir une source de bénédiction pour les autres. Il ne souhaite pas que Ses bénédictions nous attirent des ennuis ou du chagrin :

> C'est la bénédiction de l'Eternel qui enrichit, Et il ne la fait suivre d'aucun chagrin (Proverbes 10:22).

Au cours de mon ministère entamé depuis quelques années, j'ai souvent constaté que certaines personnes bien aimées étaient très ferventes dans la foi lorsqu'elles n'avaient rien. Une fois délivrées et bénies dans leur vie, la folie commençait ! Cependant, le souhait de Dieu est que nous puissions être bénis et rester toujours attachés à Lui. Ainsi le prophète Agur dira :

> Je te demande deux choses : Ne me les refuse pas, avant que je meure ! Eloigne de moi la fausseté et la parole mensongère ; Ne me donne ni pauvreté, ni richesse, Accorde-moi le pain qui m'est nécessaire. De peur que, dans l'abondance, je ne te renie Et ne dise : Qui est l'Eternel ? Ou que, dans la pauvreté, je ne dérobe, Et ne m'attaque au nom de mon Dieu (Proverbes 30:6-9).

Nous devons être animés du désir de demeurer attachés à Dieu quelque soient le temps et les circonstances. Paul dit : "Je sais vivre dans la disette et dans l'abondance." Dieu a fait ces expériences avec Israël pour leur montrer que lorsque la mer s'était élevée devant eux Il était Dieu, quand ils avaient soif ou faim, Il était Dieu, devant le Pharaon, les maladies et l'adversité, Il était Dieu. Il nous est dit dans Romains 15:4 "Or, tout ce qui a été écrit d'avance l'a été pour notre instruction, afin que, par la patience, et par la consolation que donnent les Ecritures, nous possédions l'espérance." L'Ancien Testament ou la loi représentent et annoncent les choses qui viendront dans le Nouveau Testament, c'est pourquoi Israël représente l'Église.

> **En effet, la loi, qui possède une ombre des biens à venir, et non l'exacte représentation des choses**, ne peut jamais, par les mêmes sacrifices qu'on offre perpétuelle-

ment chaque année, amener les assistants à la perfection (Hébreux 10:1).

Nous comprenons donc pourquoi Dieu a choisi ce peuple. J'aimerais rappeler que Dieu s'est servi d'Israël comme d'un outil didactique pour nous. C'est pour cette raison qu'Il leur a conféré un statut particulier. Paul ira plus loin en comparant son ministère avec celui de Moïse ; il va considérer le ministère de Moïse comme étant le ministère de la mort :

> Or, si le ministère de la mort, gravé avec des lettres sur des pierres, a été glorieux, au point que les fils d'Israël ne pouvaient fixer les regards sur le visage de Moïse, à cause de la gloire de son visage, bien que cette gloire fût passagère, 8 combien le ministère de l'esprit ne sera-t-il pas plus glorieux ! 9 Si le ministère de la condamnation a été glorieux, le ministère de la justice est de beaucoup supérieur en gloire. 10 Et, sous ce rapport, ce qui a été glorieux ne l'a point été, à cause de cette gloire qui lui est supérieure. 11 En effet, si ce qui était passager a été glorieux, ce qui est permanent est bien plus glorieux (2 Corinthiens 3:7-11).

Un conseil pour tout lecteur, car ce n'est ne pas un hasard si vous avez lu cet ouvrage qui vous donne l'opportunité de méditer sur la Parole car Dieu peut vous accorder d'entrer dans Son repos dans plusieurs domaines de votre vie :

> Craignons donc, tandis que la promesse d'entrer dans son repos subsiste encore, qu'aucun de vous ne paraisse être venu trop tard. Car cette bonne nouvelle nous a été annoncée aussi bien qu'à eux ; mais la parole qui leur fut annoncée ne leur servit de rien, **parce qu'elle ne trouva pas de la foi chez ceux qui l'entendirent.** Pour nous qui avons

cru, nous entrons dans le repos, selon qu'il dit : Je jurai dans ma colère : Ils n'entreront pas dans mon repos ! Il dit cela, quoique ses œuvres eussent été achevées depuis la création du monde. Car il a parlé quelque part ainsi du septième jour : Et Dieu se reposa de toutes ses œuvres le septième jour. Et ici encore : Ils n'entreront pas dans mon repos ! Or, **puisqu'il est encore réservé à quelques-uns d'y entrer**, et que ceux à qui d'abord la promesse a été faite n'y sont pas entrés à cause de leur désobéissance, Dieu fixe de nouveau un jour-aujourd'hui-en disant dans David si longtemps après, comme il est dit plus haut : Aujourd'hui, si vous entendez sa voix, N'endurcissez pas vos cœurs.8 Car, si Josué leur eût donné le repos, il ne parlerait pas après cela d'un autre jour. Il y a donc un repos de sabbat réservé au peuple de Dieu. Car celui qui entre dans le repos de Dieu se repose de ses œuvres, comme Dieu s'est reposé des siennes. Efforçons-nous donc d'entrer dans ce repos, afin que personne ne tombe en donnant le même exemple de désobéissance. Car la Parole de Dieu est vivante et efficace, plus tranchante qu'une épée quelconque à deux tranchants, pénétrante jusqu'à partager âme et esprit, jointures et moelles ; elle juge les sentiments et les pensées du cœur. Nulle créature n'est cachée devant lui, mais tout est à nu et à découvert aux yeux de celui à qui nous devons rendre compte. Ainsi, puisque nous avons un grand souverain sacrificateur qui a traversé les cieux, Jésus, le Fils de Dieu, demeurons fermes dans la foi que nous professons. Car nous n'avons pas un souverain sacrificateur qui ne puisse compatir à nos faiblesses ; au contraire, il a été tenté comme nous en toutes choses, sans commettre de péché. Approchons-nous donc avec assurance du trône de la grâce, afin d'obtenir miséricorde et de trouver grâce, pour être secourus dans nos besoins. Que Dieu vous comble (Hébreux 4:1-16).

Voici l'opportunité pour toi de donner ta vie au Seigneur, car demain ne t'appartient pas. En faisant cette prière, tu deviendras enfant de Dieu, fils ou fille de l'alliance. Répète cette prière :

Seigneur Jésus Christ, je crois que Tu es le Fils de Dieu ; je crois que Tu es mort pour mes péchés et que le troisième jour Tu es ressuscité ; aujourd'hui Tu es à la droite du Père, intercédant en ma faveur. Je te donne ma vie, sanctifie moi et guide moi par ton Saint Esprit. Amen.

Maintenant cherche-toi une bonne église, et comme Israël, grandit dans la foi !

9.7. Conclusion typologique ou prophétique

Image typologique	Réalité de la typologie
Le voyage	la marche chrétienne
Moïse	Jésus Christ
Josué	Saint Esprit
Egypte	monde
Pharaon	diable
Canaan	baptême du Saint Esprit

DEUXIÈME PARTIE

PORTRAITS PROPHÉTIQUES D'ISRAËL

INTRODUCTION

Israël est une petite et vieille nation située dans le Moyen Orient qui se trouve entourée des plusieurs états ennemis. En effet, à cause de son Dieu, cette nation, son peuple et sa capitale ne cessent de faire couler beaucoup de salive, d'encre mais aussi du sang.

Choisie par Dieu, cette nation a été placée devant une destinée difficile et remarquable du fait de son expérience avec Dieu et d'autres nations. La plus grande question que nous devons poser est la suivante : pourquoi on l'appelle le Dieu d'Israël alors que toutes les nations doivent l'adorer et le reconnaître comme leur Dieu ?

En réalité, Israël apparaît après l'existence d'autres nations. Par ailleurs, Abraham n'était ni Israélien, ni Juif mais un Babylonien !

> Car tu es un peuple saint pour l'Eternel, ton Dieu ; l'Eternel, ton Dieu, t'a choisi, pour que tu fusses un peuple qui lui appartînt entre tous les peuples qui sont sur la face de la terre. Ce n'est point parce que vous surpassez en nombre tous les peuples, que l'Eternel s'est attaché à vous et qu'il vous a choisis, car vous êtes le moindre de tous les peuples. Mais, parce que l'Eternel vous aime, parce qu'il a voulu tenir le serment qu'il avait fait à vos pères, l'Eternel vous a fait sortir par sa main puissante, vous a délivrés de la maison de servitude, de la main de Pharaon, roi d'Egypte (Deutéronome 7:6-8).

Le choix ou l'élection d'Israël n'émane ni de sa beauté ni de sa richesse comme la Bible le déclare ci-dessus, mais de la volonté de Dieu de faire connaître au monde Sa sagesse variée car Son désir était de vivre avec l'homme parce qu'Il n'est pas seulement le Dieu d'Israël mais de toutes les nations.

Dans cette partie, nous allons démontrer pourquoi Israël doit être reconnu comme une nation choisie par Dieu et surtout qu'elle prouve l'existence de Dieu par son origine, sa création et par sa réalité actuelle et future qui est lisible dans la Bible, lui donnant ainsi de la fiabilité.

Portrait 1
L'ORIGINE OU LA CRÉATION D'ISRAËL EST PROPHÉTIQUE

Israël est une nation prophétique à cause de sa création et de son origine. Abraham avait cent ans ; il vivait avec une femme stérile, mais il n'avait pas perdu la foi en Dieu. Il espérait que ce dernier lui donnerait une postérité, car en Lui il avait l'assurance que si Dieu promettait une chose, Il avait la capacité de l'accomplir. Dans le livre de la Genèse, Dieu dit à Abraham :

> Tu ne donneras plus à Saraï, ta femme, le nom de Saraï ; mais son nom sera Sara. Je la bénirai, et je te donnerai d'elle un fils ; je la bénirai, et deviendra des nations, des rois de peuples sortiront d'elle. Abraham tomba sur sa face ; il rit, et dit en son cœur : Naîtrait-il un fils à un homme de cent ans? Et Sara, âgée de quatre-vingt-dix ans, enfanterait-elle ? (Genèse 17:15-17).

Malgré ses doutes, Abraham persévéra dans sa relation avec Dieu et finit par devenir le père des nations. L'apôtre Paul salue la persévérance d'Abraham en ces termes, lorsqu'il rappelle que malgré son âge avancé et l'infertilité de sa femme, Abraham finit par devenir le père des nations selon qu'il est écrit :

> Je t'ai établi père d'un grand nombre de nations. Il est notre père devant celui auquel il a cru, Dieu, qui donne la vie aux morts, et qui appelle les choses qui ne sont point comme si elles étaient. Espérant contre toute espérance, il crut, en sorte qu'il devint père d'un grand nombre de nations, selon ce qui lui avait été dit : Telle sera ta postérité. Et, sans faiblir dans la foi, il ne considéra point que son

> corps était déjà usé, puisqu'il avait près de cent ans, et que Sara n'était plus en état d'avoir des enfants. Il ne douta point, par incrédulité, au sujet de la promesse de Dieu ; mais il fut fortifié par la foi, donnant gloire à Dieu. Et ayant la pleine conviction que ce qu'il promet il peut aussi l'accomplir (Romains 4:17-21).

Le vieil Abraham espérait contre toute espérance, et ne douta point de la promesse de Dieu, car dans le plus profond de son cœur il savait que c'est Dieu qui donne vie aux morts, et seul Lui appelle les choses à l'existence. Et Dieu honora sa foi : Isaac était né, d'un homme et d'une femme épuisés ! De cette naissance, une nation miracle allait naître. Depuis, Dieu fait rire l'humanité par les Juifs. Il faut noter que plusieurs années avant la naissance d'Isaac, Dieu avait conclu une alliance de sang avec Abraham en lui promettant que le pays de Canaan serait donné à sa postérité et que par Isaac, la nation serait nommée :

> Mais Dieu dit à Abraham : Que cela ne déplaise pas à tes yeux, à cause de l'enfant et de ta servante. Accorde à Sara tout ce qu'elle te demandera ; car c'est d'Isaac que sortira une postérité qui te sera propre (Genèse 21:12).

En outre, l'histoire de l'alliance de sang est mentionnée de la sorte dans la Parole de Dieu :

> Après ces événements, la parole de l'Eternel fut adressée à Abraham dans une vision, et il dit : Abram, ne crains point ; je suis ton bouclier, et ta récompense sera très grande. Abram répondit : Seigneur Eternel, que me donneras-tu ? Je m'en vais sans enfants ; et l'héritier de ma mai-

son, c'est Eliézer de Damas. Et Abram dit : Voici, tu ne m'as pas donné de postérité, et celui qui est né dans ma maison sera mon héritier. Alors la parole de l'Eternel lui fut adressée ainsi : Ce n'est pas lui qui sera ton héritier, mais c'est celui qui sortira de tes entrailles qui sera ton héritier. Et après l'avoir conduit dehors, il dit : Regarde vers le ciel, et compte les étoiles, si tu peux les compter. Et il lui dit : Telle sera ta postérité. Abram eut confiance en l'Eternel, qui le lui imputa à justice. L'Eternel lui dit encore : Je suis l'Eternel, qui t'ai fait sortir d'Ur en Chaldée, pour te donner en possession ce pays. Abram répondit : Seigneur Eternel, à quoi connaîtrai-je que je le posséderai? Et l'Eternel lui dit : Prends une génisse de trois ans, une chèvre de trois ans, un bélier de trois ans, une tourterelle et une jeune colombe. Abram prit tous ces animaux, les coupa par le milieu, et mit chaque morceau l'un vis-à-vis de l'autre ; mais il ne partagea point les oiseaux. Les oiseaux de proie s'abattirent sur les cadavres ; et Abram les chassa. Au coucher du soleil, un profond sommeil tomba sur Abram ; et voici, une frayeur et une grande obscurité vinrent l'assaillir. Et l'Eternel dit à Abram : Sache que tes descendants seront étrangers dans un pays qui ne sera point à eux ; ils y seront asservis, et on les opprimera pendant quatre cents ans. Mais je jugerai la nation à laquelle ils seront asservis, et ils sortiront ensuite avec de grandes richesses. Toi, tu iras en paix vers tes pères, tu seras enterré après une heureuse vieillesse. A la quatrième génération, ils reviendront ici ; car l'iniquité des Amoréens n'est pas encore à son comble. Quand le soleil fut couché, il y eut une obscurité profonde ; et voici, ce fut une fournaise fumante, et des flammes passèrent entre les animaux partagés. En ce jour-là, l'Eternel fit alliance avec Abram, et dit : Je donne ce pays à ta postérité, depuis le fleuve d'Egypte jusqu'au grand fleuve, au fleuve d'Euphrate, le pays des Kéniens, des Keniziens, des Kadmoniens, des Héthiens, des Phéréziens, des Rephaïm, des Amoréens, des Cananéens, des Guirgasiens et des Jébusiens (Genèse 15:1-21).

Durant cette vision, Dieu montre à Abraham l'avenir de sa postérité et lui dit qu'ils iront en captivité pendant quatre cents ans dans une terre qui ne sera pas la leur. Par la suite, Il les ramènera comme une nation pour posséder le pays des promesses. Après quatre cents trente ans, Dieu va effectivement accomplir Sa promesse par Moïse. Le peuple est revenu : parti comme une famille, il est revenu comme une nation, et cela fait d'Israël une nation miraculeuse par sa naissance et son origine. Ainsi Esaïe va attester et confirmer que la naissance de la nation d'Israël un événement miraculeux :

> Qui a jamais entendu pareille chose ? Qui a jamais vu rien de semblable ? **Un pays peut-il naître en un jour? Une nation est-elle enfantée d'un seul coup?** A peine en travail, Sion a enfanté ses fils ! (Esaïe 66:8).

Portrait 2

LE NOM D'ISRAËL, UN MIRACLE

Clarifions quelques notions concernant le nom dont les peuples d'Israël étaient connus à travers l'histoire :

- Dans Exode 1:15, ils sont appelés les Hébreux ;
- Dans Exode 5:1, ils sont appelés Mon peuple ;
- Dans Samuel 29:1, ils sont appelés Les Israelites ;
- Dans Esther 8:16, ils sont appelés Les Juifs ;
- Dans Psaumes 33:12,1 ils sont appelés la nation choisie de Dieu.

Alors nous vient cette question : quelle différence existe-t-il entre les désignations 'Hébreux', 'Israelites' et 'Juifs' ?

Abraham fut le premier à être appelé Hébreu. Il était pourtant un Païen, vivant en Chaldée, dans la ville d'Ur. Alors qu'il se trouvait dans le pays des Chaldéens, Dieu l'avaient enjoint de laisser sa patrie pour partir au pays des Cananéens. Son pays étant à l'autre rive de l'Euphrate, lors de sa traversé, il fut appelé Hébreu, terme qui vient de '*habar*' et qui signifie 'celui qui vient de l'autre rive'. En venant de l'autre rive, les peuples de Canaan l'ont appelé hébreu afin d'identifier sa provenance. Genèse 14:13 nous apprend que ses descendants étaient pareillement appelés des Hébreux. Aujourd'hui, ce nom est attribué aux peuples d'Israël mais, rappelons-le encore une fois, Abraham n'était ni Juif, ni Israélien.

Dans la même lignée, la première personne à être appelée 'Israël' c'était Jacob, le petit-fils d'Abraham. Premièrement, son nom de naissance était Jacob. Mais il rencontra Dieu à Peniel, et Dieu changea son nom en 'Israël' lorsqu'il lui dit :

> Ton nom est Jacob mais dorénavant tu t'appelleras Israël car tu as combattu avec les hommes et Dieu, tu as été vainqueur (Genèse 32:28).

Et la nation qui découla de ces douze enfants est appelée 'fils d'Israël' ou 'tribus d'Israël' (Genèse 34:7 ; 49:16). Une chose est vraie : Jacob (ou Israël) n'était pas Juif !

Le terme 'Juif' désigne généralement un habitant de Juda (2 Rois 16:6). C'est ainsi qu'on les appelait dans les textes contemporains d'Assyrie. Dans le dictionnaire biblique, il est indiqué que le terme 'Juif' était utilisé par les non-Juifs pour désigner les Hébreux ou les descendants d'Abraham. Dans le Nouveau Testament le pluriel 'Juifs' est devenu un mot familier pour désigner les Israélites. On retrouve le terme féminin 'juives' dans Actes 16:1 et Actes 24:24 ; et l'adjectif 'juif' se trouve dans Galates 2:14 et Tite 1:14.

En pratique, on peut utiliser les termes hébreu, juif et israélite, pour désigner le même peuple. De fait, chaque Israélien n'est pas Juif mais chaque Juif est Israélien. Ceci s'explique par le fait que le judaïsme est attaché à la religion juive. Or, aujourd'hui, une bonne partie des Israéliens ne croient pas à cette religion car Israël est devenu un état démocratique offrant à chacun la liberté de choisir ses convictions religieuses. Maintenant, les grandes questions sont les suivantes :

- L'actuel état d'Israël, qui fut reconnu par l'ONU le 14 Mai 1948, est-il la même nation biblique mentionnée dans l'Ancien Testament ?
- Est-il vrai que les dix tribus déportées en Assyrie en l'an 722 avant JC étaient perdues dans l'histoire ?
- Est-il vrai que les Israélites, descendants d'Ephraïm et de Manassé, sont différents des peuples Juifs du Sud ?
- Est-il vrai que les anglophones (Britanniques et Américains) sont les descendants des tribus 'perdues' d'Israël, eux-mêmes descendant d'Ephraïm et de Manassé ?

Après plusieurs études sur ces questions, nous pouvons confirmer que l'ancien Israël est l'actuel Israël. Nous pouvons affirmer que cette notion de 'tribus perdues' comme l'enseignent certains théologiens n'a pas de fondement théologique ni biblique. La Bible révèle que les tribus d'Ephraïm et de Manassé étaient en Israël cent ans après la déportation des dix tribus du Nord :

> Ils se rendirent auprès du souverain sacrificateur Hilkija, et on livra l'argent qui avait été apporté dans la maison de Dieu, et que les Lévites gardiens du seuil avaient recueilli de Manassé et d'Ephraïm et de tout le reste d'Israël, et de tout Juda et Benjamin et des habitants de Jérusalem (2 Chroniques 34:9).

Par ailleurs, le livre d'Esdras confirme que les douze tribus d'Israël étaient représentées au moment de la dédicace du temple par Zorobabel, deux cents ans après la déportation. On lit aussi ce qui suit dans la Bible :

> Les enfants d'Israël, les sacrificateurs et les Lévites, et le reste des fils de la captivité, firent avec joie la dédicace de cette maison de Dieu. 17 Ils offrirent, pour la dédicace de cette maison de Dieu, cent taureaux, deux cents béliers, quatre cents agneaux, et, comme victimes expiatoires pour tout Israël, douze boucs, d'après le nombre des tribus d'Israël (Esdras 6:16-17).

Toutes les tribus qui étaient revenues de la déportation vivaient en Israël jusqu'à la deuxième déportation, si l'on considère la Bible comme livre de référence. Et Jacques, dans son épître, écrit :

> Jacques, serviteur de Dieu et du Seigneur Jésus Christ, aux douze tribus qui sont dans la dispersion, salut ! (Jacques 1:1).

Après toute cette étude nous pouvons aisément affirmer que ceux qui enseignent sur les 'tribus perdues' n'ont aucun support fiable pour soutenir leurs arguments. L'origine même d'Israël est prophétique, et Israël n'a jamais été perdu mais vivait, vit et vivra son destin, destin que nous essayerons de tracer à travers les autres portraits qui suivent.

Portrait 3
ISRAËL, ÉTAT PROPHÉTIQUE À CAUSE DE SA CAPITALE.

Le nom 'Jérusalem' a été découvert pour la première fois vers le quatorzième siècle avant JC dans des documents égyptiens connus sous le nom de 'Lettres de Tell el-Amarna'. Ces documents font aussi mention de la rencontre d'Abraham et de Melchisédek, le roi de SALEM (Jérusalem) :

> Melchisédek, roi de Salem, fit apporter du pain et du vin : il était sacrificateur du Dieu Très-Haut (Genèse 14:18).

> En effet, ce Melchisédek, roi de Salem, sacrificateur du Dieu Très-Haut, -qui alla au-devant d'Abraham lorsqu'il revenait de la défaite des rois, qui le bénit (Hébreux 7:1).

En 1000 avant JC, le roi David allait conquérir les Jébusiens qui étaient les habitants de Jérusalem pour en faire son site où plus tard il allait ramener l'arche de l'alliance.

> Le roi marcha avec ses gens sur Jérusalem contre les Jébusiens, habitants du pays. Ils dirent à David : Tu n'entreras point ici, car les aveugles mêmes et les boiteux te repousseront ! Ce qui voulait dire : David n'entrera point ici. Mais David s'empara de la forteresse de Sion : c'est la cité de David (2 Samuel 5:6-7).

En 960 avant JC, le roi Salomon allait construire le temple :

> Même après que le roi l'eût prise (Jebus), les anciens habitants ne furent pas tous expulsés. C'était en effet un homme d'extraction yebousienne, Aravna, qui possédait

l'aire où s'éleva plus tard le Temple (2 Samuel 24:16, 18 ; 2 Chroniques 3:1).

Ensuite, la ville avait connu plusieurs transitions entre les mains de plusieurs rois, entre autres Nebucadnetsar vers 560 AD (2 Rois 24:10) puis en 538 Cyrus, roi de Perse (2 Chroniques 36:22) en passant par Alexandre le Grand, Pompée, Hérode Antipas, etc.

En l'an 324 après JC, Constantin devint l'unique maître de l'empire romain. Juste après sa victoire, il fit du christianisme la religion officielle de l'empire. Tous ces changements ont eu un impact important sur Jérusalem. Alors des églises ont été construites par des chrétiens aux endroits considérés comme sacrés et historiques. Les clergés et les prêtres ont fait de Jérusalem leur ville ; Jérusalem est alors devenue la capitale de la chrétienté. Et pour les chrétiens d'aujourd'hui, Jérusalem est la ville de Dieu, une ville prophétique, future lieu de repos en vue de leur rédemption. C'est aussi ce qui a contribué à faire de Jérusalem la capitale des trois grandes religions du monde.

En 1947, la résolution 181 du Conseil de Sécurité avait partagé la Palestine alors sous mandat britannique, entre un État juif et un État arabe. Jérusalem constituait une entité séparée (*corpus separatum*) placée sous le contrôle des Nations Unies ; par conséquent Jérusalem n'appartenait dès lors ni à l'un, ni à l'autre camp.

En 1948, Israël est reconnu par l'ONU comme un état indépendant, ce qui permit que l'ancienne étoile bleue de David flotte dans les airs. C'est à ce moment que la bataille commence pour le statut de Jérusalem juive comme étant la capitale d'Israël. A l'issue de la première guerre israélo-arabe, la partie Jérusalem 'Est' fut conquise par l'armée jordanienne, tandis que Jérusalem 'Ouest' fut conquise et annexée par Israël qui en fit sa capitale. Ainsi, Jérusalem fut proclamée capitale en 1948 par David Ben Gourion, et confirmée comme telle, en 1980, par une loi fondamentale de la Knesset.

Ces proclamations n'ont pas été reconnues internationalement, car Jérusalem comprend des territoires qui ne sont pas considérés par plusieurs pays comme israéliens (suivant le plan de partition de l'ONU tout d'abord, suivant le tracé de la frontière 'post 67' ensuite). La loi de 1980 ayant été condamnée par une résolution du Conseil de Sécurité de L'ONU en 1980, les pays ne reconnaissant pas cette situation ont établi leur représentation diplomatique dans Tel-Aviv. Aujourd'hui, seuls deux pays reconnaissent Jérusalem comme capitale de l'État d'Israël : le Salvador et le Costa Rica.

Entre 1948 et 1967, le secteur oriental de Jérusalem est sous le contrôle du roi de Jordanie. Les pouvoirs musulmans interdisent alors aux Juifs l'accès au Kotel (Mur des Lamentations). Ces mêmes pouvoirs ont laissé détruire des synagogues existant dans cette zone, et permettent l'utilisation des pierres tombales du cimetière Juif du Mont des Oliviers pour construire des latrines.

En 1967, la guerre permet à Israël la conquête de Jérusalem-Est, annexée le 28 Juin de l'année suivante, tout comme l'avait été Jérusalem 'Ouest' 19 ans plus tôt.

La loi fondamentale du 30 Juillet 1980 fit de Jérusalem la 'capitale éternelle' d'Israël et, en dépit des condamnations du Conseil de Sécurité de l'ONU, un programme de construction fut engagé à partir de 1969 dans la partie orientale de la municipalité.

Au problème d'un éventuel partage de la souveraineté de la vieille ville s'ajoute celui du contrôle de l'Esplanade des Mosquées et du Mur des Lamentations.

Lors des entretiens de Taba, des points de convergences avaient pu être trouvés : sur la base des 'Paramètres Clinton', Jérusalem deviendrait la capitale des deux États : Yerushalaïm capitale d'Israël et Al-Qods capitale de la Palestine. La souveraineté israélienne s'exercerait sur les quartiers juifs et la souveraineté palestinienne sur les quartiers arabes. La partie palestinienne aurait même accepté la souveraineté israélienne sur certains quartiers d'implantations israéliennes à l'intérieur du périmètre historique de Jérusalem-Est. S'agissant des lieux saints, les parties n'étaient pas parvenues à un rapprochement sur leur souveraineté respective à Taba. Ainsi, l'idée avait été avancée du contrôle par l'État juif du mur occidental et de celui de l'Esplanade des Mosquées par les Palestiniens ; la souveraineté des lieux en question étant confiée provisoirement (durant trois ans) aux cinq membres permanents du Conseil de Sécurité de l'ONU et au Maroc.

Capitale réunifiée, Jérusalem l'est sur le papier, mais la réalité est tout autre. C'est la ville des clivages, d'invisibles frontières qui ne séparent pas seulement les Israéliens des Palestiniens, mais aussi religieux et laïcs, Juifs, Musulmans et Chrétiens, riches et pauvres. Franchir ces 'frontières' revient à passer de l'autre côté du miroir. Passez de l'Ouest à l'Est et vous changez de langue, de musique et de niveau de vie. Passez de la Jérusalem laïque à la Jérusalem ultra-orthodoxe et vous changez de siècle ! Alors quel avenir pour Jérusalem ? Nous savons que le trône du roi Jésus sera établi dans Jérusalem physique et que Son trône sera éternel, car la Parole de Dieu le confirme :

> L'ange entra chez elle, et dit : Je te salue, toi à qui une grâce a été faite ; le Seigneur est avec toi. Troublée par cette parole, Marie se demandait ce que pouvait signifier une telle salutation. L'ange lui dit : Ne crains point, Marie ; car tu as trouvé grâce devant Dieu. Et voici, tu deviendras enceinte, et tu enfanteras un fils, et tu lui donneras le nom de Jésus. Il sera grand et sera appelé Fils du Très-Haut, et le Seigneur Dieu lui donnera le trône de David, son père. Il règnera sur la maison de Jacob éternellement, et son règne n'aura point de fin (Luc 1:28-33).

Dans le livre d'Apocalypse, Jésus promet aux vainqueurs de s'asseoir avec Lui sur Son trône.

> Celui qui vaincra, je le ferai asseoir avec moi sur mon trône, comme moi j'ai vaincu et me suis assis avec mon Père sur son trône (Apocalypse 3:21).

Dans le livre d'Hébreux 10:12-13, la Bible déclare que Jésus est assis à la droite de Son père dans les cieux jusqu'à ce que Ses ennemis deviennent Son marche-pied, alors Il reviendra et Il va s'assoir sur le trône de Son père, à Jérusalem, avec ceux qui auront vaincus.

Il y a beaucoup de promesses dans la Bible qui annoncent la restauration d'Israël comme état et de Jérusalem comme sa capitale : la restauration du temple et surtout, les événements du temps de la fin. Quelqu'un disait, si tu veux connaître l'heure, il faut regarder ta montre, si tu veux savoir la date, il faut regarder le calendrier ; mais si tu veux comprendre quand le Seigneur de gloire reviendra, il faut regarder Israël, sa capitale, et son peuple, le retour des Juifs et la restauration de cette ancienne étoile bleue.

Portrait 4

ISRAËL, NATION PROPHÉTIQUE OÙ DIEU A ACCOMPLI SON PLAN DE REDEMPTION

Dieu avait un plan de rédemption avant même la création du ciel et de la terre. Ici, nous parlons de la fondation du monde :

> ...sachant que ce n'est pas par des choses périssables, par de l'argent ou de l'or, que vous avez été rachetés de la vaine manière de vivre que vous aviez héritée de vos pères, mais par le sang précieux de Christ, comme d'un agneau sans défaut et sans tache, **prédestiné avant la fondation du monde**, et manifesté à la fin des temps, à cause de vous (1Pierre 1:18-20).

L'agneau de Dieu était prédestiné avant la fondation du monde pour ôter les péchés du monde, avant la création d'Israël, c'est le Messie juif, fils de David selon la chair. Jean Baptiste introduira son ministère en disant : Le lendemain, il vit Jésus venant à lui, et il dit : "Voici l'Agneau de Dieu, qui ôte le péché du monde" (Jean 1:29).

Le messie fut appelé l'agneau de Dieu, parce que c'est Lui qui était préparé avant la fondation du monde pour ôter les péchés du monde. Un jour, Jésus rencontra une samaritaine, qui attendait le Messie et Il lui dit : "Vous adorez celui que vous ne connaissez pas car le salut vient des Juifs" (Jean 4:22).

Paul aussi avait voulu se séparer du Seigneur à cause de l'amour de son peuple car le Seigneur ne lui avait pas encore révélé la dispensation de la grâce ; mais lorsqu'il comprit, il dit :

> Quel est donc l'avantage des Juifs, ou quelle est l'utilité de la circoncision ? Il est grand de toute manière, et tout d'abord en ce que les oracles de Dieu leur ont été confiés (Romains 3:1-2).

> Car je voudrais moi-même être anathème et séparé de Christ pour mes frères, mes parents selon la chair, qui sont Israélites, à qui appartiennent l'adoption, et la gloire, et les alliances, et la loi, et le culte, et les promesses, et les patriarches, et de qui est issu, selon la chair, le Christ, qui est au-dessus de toutes choses, Dieu béni éternellement. Amen ! (Romains 9:3-5).

Le seigneur de gloire est né à Bethlehem ; il fut crucifié à Golgotha à l'endroit nommé 'Crâne', en dehors de Jérusalem, et sur cette montagne Jésus Christ avait déclaré : "Tout est accompli." Il avait vaincu la mort ; et sur la croix Jésus Christ a accompli le plan de la rédemption.

> Quand Jésus eut pris le vinaigre, il dit : Tout est accompli. Et, baissant la tête, il rendit l'esprit (Jean 19:30).

Le prophète Esaïe, qui avait l'œil de l'aigle, car il est l'unique prophète à avoir écrit la synthèse de la Bible. Coïncidence ou non, son livre a 66 chapitres alors que la Bible a 66 livres. Il a écrit ceci à propos de sa mère, de sa naissance, de son ministère, de son onction, de sa souffrance et même de sa mort :

Qui a cru à ce qui nous était annoncé ? Qui a reconnu le bras de l'Eternel ? Il s'est élevé devant lui comme une faible plante, Comme un rejeton qui sort d'une terre desséchée ; Il n'avait ni beauté, ni éclat pour attirer nos regards, Et son aspect n'avait rien pour nous plaire. Méprisé et abandonné des hommes, Homme de douleur et habitué à la souffrance, Semblable à celui dont on détourne le visage, Nous l'avons dédaigné, nous n'avons fait de lui aucun cas. Cependant, ce sont nos souffrances qu'il a portées, C'est de nos douleurs qu'il s'est chargé ; Et nous l'avons considéré comme puni, Frappé de Dieu, et humilié. Mais il était blessé pour nos péchés, Brisé pour nos iniquités ; Le châtiment qui nous donne la paix est tombé sur lui, Et c'est par ses meurtrissures que nous sommes guéris. Nous étions tous errants comme des brebis, Chacun suivait sa propre voie ; Et l'Eternel a fait retomber sur lui l'iniquité de nous tous. Il a été maltraité et opprimé, Et il n'a point ouvert la bouche, Semblable à un agneau qu'on mène à la boucherie, A une brebis muette devant ceux qui la tondent ; Il n'a point ouvert la bouche. Il a été enlevé par l'angoisse et le châtiment ; Et parmi ceux de sa génération, qui a cru Qu'il était retranché de la terre des vivants Et frappé pour les péchés de mon peuple ? On a mis son sépulcre parmi les méchants, Son tombeau avec le riche, Quoiqu'il n'eût point commis de violence Et qu'il n'y eût point de fraude dans sa bouche. Il a plu à l'Eternel de le briser par la souffrance... Après avoir livré sa vie en sacrifice pour le péché, Il verra une postérité et prolongera ses jours ; Et l'œuvre de l'Eternel prospérera entre ses mains. A cause du travail de son âme, il rassasiera ses regards ; Par sa connaissance mon serviteur juste justifiera beaucoup d'hommes, Et il se chargera de leurs iniquités. C'est pourquoi je lui donnerai sa part avec les grands ; Il partagera le butin avec les puissants, Parce qu'il s'est livré lui-même à la mort, Et qu'il a été mis au nombre des malfaiteurs, Parce qu'il a porté les péchés de beaucoup d'hommes, Et qu'il a intercédé pour les coupables (Esaïe 53:1-12).

Israël est une nation prophétique car tout ce qui a été écrit dans ce chapitre, plusieurs années avant la naissance de Jésus, s'était accompli à la lettre.

Portrait 5

SURVIVANCE DE L'ANCIEN ISRAËL

Un enseignement incorrect véhicule l'idée que Dieu en a fini avec Israël physique et que les promesses faites à Israël dans l'Ancien Testament ne concernent plus que l'Église. Cela est une aberration si l'on tient compte de ce que dit réellement la Bible.

Lorsque l'Apôtre Paul déclare, "Ne soyez en scandale ni aux Grecs, ni aux Juifs, ni à l'Eglise de Dieu," (1 Corinthiens 10:32), il fait mention de trois groupes distincts, selon la subdivision de la Bible ou de Dieu, qui permet de reconnaître la place d'Israël et de l'Église. Certains prétendent que Dieu a rejeté Israël à cause de la désobéissance et des transgressions des règles établies. Nous savons que Dieu a promis de ne jamais oublier Israël (Jérémie 51:5), car Israël et Juda ne sont point abandonnés de leur Dieu. Il est vrai que Dieu les a punis maintes fois à cause de leurs désobéissances et leurs péchés, et qu'Il les a dispersés à travers les nations. Mais, Il ne les a pas abandonnés ni délaissés :

> Mais, lorsqu'ils seront dans le pays de leurs ennemis, je ne les rejetterai pourtant point, et je ne les aurai point en horreur jusqu'à les exterminer, jusqu'à rompre mon alliance avec eux ; car je suis l'Eternel, leur Dieu. Je me souviendrai en leur faveur de l'ancienne alliance, par laquelle je les ai fait sortir du pays d'Egypte, aux yeux des nations, pour être leur Dieu. Je suis l'Eternel. Tels sont les statuts, les ordonnances et les lois, que l'Eternel établit

entre lui et les enfants d'Israël, sur la montagne de Sinaï, par Moïse (Lévitique 26:44-46).

Il est clair, dans ce que l'on vient de lire, qu'ils ne seront jamais oubliés même s'ils étaient dispersés parmi les nations. Après la reconnaissance par l'ONU de l'état indépendant d'Israël, les Juifs de toutes les tribus sont retournées dans leur patrie ; ils y resteront jusqu'à la grande tribulation et à la seconde venue du Messie :

> Et je vis un autre ange, qui montait du côté du soleil levant, et qui tenait le sceau du Dieu vivant ; il cria d'une voix forte aux quatre anges à qui il avait été donné de faire du mal à la terre et à la mer, et il dit : Ne faites point de mal à la terre, ni à la mer, ni aux arbres, jusqu'à ce que nous ayons marqué du sceau le front des serviteurs de notre Dieu. Et j'entendis le nombre de ceux qui avaient été marqués du sceau, cent quarante-quatre mille, de toutes les tribus des fils d'Israël : De la tribu de Juda, douze mille marqués du sceau ; de la tribu de Ruben, douze mille ; de la tribu de Gad, douze mille ; De la tribu d'Aser, douze mille ; de la tribu de Nephthali, douze mille ; de la tribu de Manassé, douze mille ; De la tribu de Siméon, douze mille ; de la tribu de Lévi, douze mille ; de la tribu d'Issacar, douze mille ; De la tribu de Zabulon, douze mille ; de la tribu de Joseph, douze mille ; de la tribu de Benjamin, douze mille marqués du sceau. Après cela, je regardai, et voici, il y avait une grande foule, que personne ne pouvait compter, de toute nation, de toute tribu, de tout peuple, et de toute langue. Ils se tenaient devant le trône et devant l'agneau, revêtus de robes blanches, et des palmes dans leurs mains (Apocalypses 7:2-9).

Nous lisons aussi ce qui suit :

> Puis je vis un nouveau ciel et une nouvelle terre ; car le premier ciel et la première terre avaient disparu, et la mer n'était plus. Et je vis descendre du ciel, d'auprès de Dieu, la ville sainte, la nouvelle Jérusalem, préparée comme une épouse qui s'est parée pour son époux. Et j'entendis du trône une forte voix qui disait : Voici le tabernacle de Dieu avec les hommes ! Il habitera avec eux, et ils seront son peuple, et Dieu lui-même sera avec eux. Il essuiera toute larme de leurs yeux, et la mort ne sera plus, et il n'y aura plus ni deuil, ni cri, ni douleur, car les premières choses ont disparu. Et celui qui était assis sur le trône dit : Voici, je fais toutes choses nouvelles. Et il dit : Ecris ; car ces paroles sont certaines et véritables. Et il me dit : C'est fait ! Je suis l'alpha et l'oméga, le commencement et la fin. A celui qui a soif je donnerai de la source de l'eau de la vie, gratuitement. Celui qui vaincra héritera ces choses ; je serai son Dieu, et il sera mon fils. Mais pour les lâches, les incrédules, les abominables, les meurtriers, les impudiques, les enchanteurs, les idolâtres, et tous les menteurs, leur part sera dans l'étang ardent de feu et de soufre, ce qui est la seconde mort. Puis un des sept anges qui tenaient les sept coupes remplies des sept derniers fléaux vint, et il m'adressa la parole, en disant : Viens, je te montrerai l'épouse, la femme de l'agneau. Et il me transporta en esprit sur une grande et haute montagne. Et il me montra la ville sainte, Jérusalem, qui descendait du ciel d'auprès de Dieu, ayant la gloire de Dieu. Son éclat était semblable à celui d'une pierre très précieuse, d'une pierre de jaspe transparente comme du cristal. Elle avait une grande et haute muraille. **Elle avait douze portes, et sur les portes douze anges, et des noms écrits, ceux des douze tribus des fils d'Israël** (Apocalypses 21:1-12).

Nous pouvons donc conclure une fois de plus, après cette lecture, qu'Israël, sa capitale et son peuple, sont prophétiques. Ils ne seront jamais oubliés par Dieu, de la même manière qu'Il n'oubliera jamais l'Église. Ils sont toujours présents.

Portrait 6

CARACTÈRE PROPHÉTIQUE DE SA DISPERSION ET DE SA SOUFFRANCE

La dispersion d'Israël fut prophétisée bien avant sa création. Son origine fut également prophétisée par les prophètes du grand Dieu. Par Moïse, Dieu dira :

> Je vous disperserai parmi les nations et je tirerai l'épée après vous. Votre pays sera dévasté, et vos villes seront désertes (Lévitique 26:33).

Pareillement, dans Deutéronomes il est écrit :

> L'Eternel te dispersera parmi tous les peuples, d'une extrémité de la terre à l'autre ; et là, tu serviras d'autres dieux que n'ont connus ni toi, ni tes pères, du bois et de la pierre. Parmi ces nations, tu ne seras pas tranquille, et tu n'auras pas un lieu de repos pour la plante de tes pieds. L'Eternel rendra ton cœur agité, tes yeux languissants, ton âme souffrante. Ta vie sera comme en suspens devant toi, tu trembleras la nuit et le jour, tu douteras de ton existence (Deutéronomes 28:64-66).

Il est le Dieu unique qui annonce les choses avant qu'elles ne se produisent, et elles se manifestent comme Il les a annoncées et cette prophétie de Moïse s'est accomplie vers les années 14-18 et 40-45. Il parle de la création, de la dispersion avant même que ces événements ne se produisent, ce qui prouve une fois de plus que cette nation est miraculeuse parce que tout ce que Dieu a annoncé n'a jamais failli tel qu'il est écrit dans le livre d'Esaïe :

> Ainsi parle l'Eternel, roi d'Israël et son rédempteur, L'Eternel des armées : Je suis le premier et je suis le dernier, Et hors moi il n'y a point de Dieu. Qui a, comme moi, fait des prédictions Qu'il le déclare et me le prouve ! Depuis que j'ai fondé le peuple ancien? Qu'ils annoncent l'avenir et ce qui doit arriver ! (...) Souviens-toi de ces choses, ô Jacob ! O Israël ! Car tu es mon serviteur ; Je t'ai formé, tu es mon serviteur ; Israël, je ne t'oublierai pas. Ainsi parle l'Eternel, ton rédempteur, Celui qui t'a formé dès ta naissance : Moi, l'Eternel, j'ai fait toutes choses, Seul j'ai déployé les cieux, Seul j'ai étendu la terre. J'anéantis les signes des prophètes de mensonge, Et je proclame insensés les devins ; Je fais reculer les sages, Et je tourne leur science en folie. Je confirme la parole de mon serviteur, Et j'accomplis ce que prédisent mes envoyés ; Je dis de Jérusalem : Elle sera habitée, Et des villes de Juda : Elles seront rebâties ; Et je relèverai leurs ruines (Esaïe 44:6-7, 21-26).

Et après qu'Israël fut une nation, Ezéchiel déclara :

> Et ils sauront que je suis l'Eternel, Quand je les répandrai parmi les nations, Quand je les disperserai en divers pays. Mais je laisserai d'eux quelques hommes Qui échapperont à l'épée, à la famine et à la peste, Afin qu'ils racontent toutes leurs abominations Parmi les nations où ils iront. Et ils sauront que je suis l'Eternel (Ezéchiel 12:15-16).

> Je te disperserai parmi les nations, je te répandrai en divers pays, et je ferai disparaître ton impureté du milieu de toi. Tu seras souillée par toi-même aux yeux des nations, et tu sauras que je suis l'Eternel (Ezéchiel 22:15-16).

Dieu a maintenu Sa parole et Israël fut dispersé à deux reprises. La deuxième dispersion fut en l'an 70 AD par les Romains. Pendant leur dispersion, les Juifs se sont toujours souvenus de leur pays, particulièrement de Jérusalem, la ville sainte, le lieu d'habitation de leur Dieu. Même quand ils étaient à Babylone pendant leur première dispersion, ils chantaient des psaumes :

> Sur les bords des fleuves de Babylone, Nous étions assis et nous pleurions, en nous souvenant de Sion. Aux saules de la contrée Nous avions suspendu nos harpes. Là, nos vainqueurs nous demandaient des chants, Et nos oppresseurs de la joie : Chantez-nous quelques-uns des cantiques de Sion ! Comment chanterions-nous les cantiques de l'Eternel Sur une terre étrangère? Si je t'oublie, Jérusalem, Que ma droite m'oublie ! Que ma langue s'attache à mon palais, Si je ne me souviens de toi, Si je ne fais de Jérusalem Le principal sujet de ma joie ! (Psaumes 137:1-5).

Depuis la seconde dispersion jusqu'à leur retour en mai 1948, ils étaient toujours confiants que leur Dieu, un jour, les ramènerait dans leur nation et dans la ville sainte de Jérusalem. Chaque année ils fêtaient la Pâques. Et l'histoire témoigne que les Juifs se saluaient de cette manière : "L'ANNEE PROCHAINE A JERUSALEM." Ils n'avaient jamais perdu espoir. Comme leur père Abraham, ils savaient une seule chose : ce que Dieu promet s'accomplit toujours ! Même si cela tardait à arriver, ils devaient attendre, prendre patience car, à coup sûr, la promesse de Dieu finirait par s'accomplir tel qu'Il l'avait annoncée. Aujourd'hui l'œil physique peut confirmer que depuis le 18 mai 1948, Israël est retourné sur ses terres, conformément à la prophétie de la Parole, prouvant l'existence de Dieu.

Portrait 7
ISRAËL, NATION PROPHÉTIQUE À CAUSE DE SA PROTECTION DIVINE

On peut dire que la nation d'Israël est indestructible. Bien que sa population soit dispersée aux quatre coins du monde, Dieu n'a jamais permis qu'elle puisse être exterminée. L'histoire nous apprend que plusieurs leaders et nations ont souhaité la destruction d'Israël et l'effacement de la race juive, mais à chaque fois cela se soldait par un échec et une grande humiliation de la part de leurs ennemis. La première tentative de destruction fut durant leur séjour dans l'ancienne Egypte :

> Les enfants d'Israël furent féconds, ils se multiplièrent et devinrent de plus en plus puissants. Et le pays en fut rempli. Il s'éleva sur l'Egypte un nouveau roi, qui n'avait point connu Joseph. Il dit à son peuple : Voilà les enfants d'Israël qui forment un peuple plus nombreux et plus puissant que nous. Allons ! Montrons-nous habiles à leur égard ; empêchons qu'ils ne s'accroissent, et s'il survient une guerre, qu'ils ne se joignent à nos ennemis pour nous combattre et sortir ensuite du pays. Et l'on établit sur eux des chefs de corvées, afin de les accabler de travaux pénibles. C'est ainsi qu'ils bâtirent les villes de Pithom et de Ramsès, pour servir de magasins à Pharaon. Mais plus on les accablait, plus ils se multipliaient, leur nombre s'accroissait ; et l'on prit en aversion les enfants d'Israël. Alors les Egyptiens réduisirent les enfants d'Israël à une dure servitude. Ils leur rendirent la vie amère par de rudes travaux en argile et en briques, et par tous les ouvrages des champs : et ce fut avec une grande cruauté qu'ils leur imposèrent toutes ces charges. Le roi d'Egypte parla aussi

> aux sages-femmes des Hébreux, nommées l'une Schiphra, et l'autre Pua. Il leur dit : Quand vous verrez accoucher les femmes des Hébreux et que vous les verrez sur les sièges, si c'est un garçon, faites-le mourir ; si c'est une fille, laissez-la vivre. Mais les sages-femmes craignirent Dieu, et ne firent point ce que leur avait dit le roi d'Egypte ; elles laissèrent vivre les enfants. Le roi d'Egypte appela les sages-femmes, et leur dit : Pourquoi avez-vous agi ainsi, et avez-vous laissé vivre les enfants? Les sages-femmes répondirent à Pharaon : C'est que les femmes des Hébreux ne sont pas comme les Egyptiennes ; elles sont vigoureuses et elles accouchent avant l'arrivée de la sage-femme. Dieu fit du bien aux sages-femmes ; et le peuple multiplia et devint très nombreux. Parce que les sages-femmes avaient eu la crainte de Dieu, Dieu fit prospérer leurs maisons. Alors Pharaon donna cet ordre à tout son peuple : Vous jetterez dans le fleuve tout garçon qui naîtra, et vous laisserez vivre toutes les filles. Et pharaon donna cette commission aux Egyptiens que tout le garçon des Juifs devrait être jeté dans le fleuve ou être tue (Exode 1:7-22).

La deuxième tentative de destruction est mentionnée dans le livre d'Esther. Pendant le règne du roi Assuérus, Haman décida d'exterminer tous les Juifs, en commençant par Mardochée. Il avait préparé un morceau de bois pour le pendre. Mais la puissance de ce Dieu qui protège Israël, et qui vous protège, se manifesta en faveur d'Israël, si bien que Haman lui-même fut pendu sur le bois qu'il avait préparé pour Mardochée : "Et l'on pendit Haman au bois qu'il avait préparé pour Mardochée. Et la colère du roi s'apaisa" (Esther 7:10).

Tout récemment, pendant la Seconde Guerre Mondiale, Hitler a voulu exterminer tous les Juifs en déclarant au monde qu'il allait résoudre ce qu'il appela 'LE PROBLEME JUIF'. Il fit tuer six millions de Juifs dans des camps de concentration. Mais au final, il perdit la guerre ; sa nation fut divisée en deux et lui-même se suicida. Voilà ce que Dieu est capable de faire à tous les ennemis d'Israël et de l'Église. Peu de temps après, on assista à la renaissance d'Israël, et son peuple fut préservé.

Après une vingtaine d'années, en 1967, le président égyptien Gamal Abdel-Nasser forma une coalition avec les Syriens et les Jordaniens, une grande armée, dont l'objectif était de jeter l'état d'Israël à la mer. Mais, par la main puissante de Dieu, cela se solda par une grande défaite de l'alliance arabe et par la récupération de Jérusalem comme capitale éternelle d'Israël. Au cours de cette bataille, des généraux Israéliens avaient témoigné qu'ils avaient vu les armées ennemies en feu sans l'intervention d'une main humaine. Voilà encore ce que Dieu peut accomplir. Plus ils étaient combattus, plus ils devenaient prospères.

Plus récemment encore, selon les médias iraniens, le président iranien aurait affirmé devant le chef du groupe radical palestinien Jihad Islamique, Ramadan Abdallah Challah : "Je suis très optimiste quant à l'avenir de la Palestine et je pense qu'Israël se trouve sur le déclin." Il aurait ajouté que "avec la volonté de Dieu, sa destruction sera imminente," appelant à "poursuivre la résistance (contre Israël) et à avoir l'espoir dans la victoire." En effet, ennemi juré de l'état hébreu, l'Iran ne reconnaît pas l'existence d'Israël et soutient les mouvements palestiniens islamistes. Le président iranien Mahmoud Ahmadinejad avait, de son côté, prédit ces dernières années la disparition de l'état hébreu, appelant "à rayer (Israël) de la carte" en 2005. Il avait aussi estimé que l'Holocauste était un 'mythe', ce qui avait suscité une large réprobation dans le monde, notamment en Occident.

Une chose est certaine : malgré l'adversité et les plans malicieux contre Israël, il ne disparaîtra pas car une fois de plus elle est une nation prophétique et miraculeuse et toutes les déclarations du président iranien avaient été prédites par le Dieu des tous les esprits :

> Cantique - Psaume d'Asaph. O Dieu, ne reste pas dans le silence ! Ne te tais pas, et ne te repose pas, ô Dieu ! Car voici, tes ennemis s'agitent, Ceux qui te haïssent lèvent la tête. Ils forment contre ton peuple des projets pleins de ruse, Et ils délibèrent contre ceux que tu protèges. **Venez, disent-ils, exterminons-les du milieu des nations, Et qu'on ne se souvienne plus du nom d'Israël !** Ils se concertent tous d'un même cœur, Ils font une alliance contre toi ; Les tentes d'Edom et les Ismaélites, Moab et les Hagaréniens, Guebal, Ammon, Amalek, Les Philistins avec les habitants de Tyr ; L'Assyrie aussi se joint à eux, Elle prête son bras aux enfants de Lot. Pause. Traite-les comme Madian, Comme Sisera, comme Jabin au torrent de Kison ! Ils ont été détruits à En-Dor, Ils sont devenus du fumier pour la terre. Traite leurs chefs comme Oreb et Zeeb, Et tous leurs princes comme Zébach et Tsalmunna ! Car ils disent : Emparons-nous Des demeures de Dieu ! (Psaumes 83:1-12).

Portrait 8

ISRAËL, NATION PROPHÉTIQUE À CAUSE DE SA PREMIÈRE RESTAURATION

Dieu avait promis de restaurer Israël dans sa terre plusieurs années avant même sa dispersion, car Il est l'unique, le seul à pouvoir prédire l'avenir :

> Nations, écoutez la parole de l'Eternel, Et publiez-la dans les îles lointaines ! Dites : Celui qui a dispersé Israël le rassemblera, Et il le gardera comme le berger garde son troupeau. Car l'Eternel rachète Jacob, Il le délivre de la main d'un plus fort que lui (Jérémie 31:10-11).

Plus tard, Ezéchiel ajoutera :

> C'est pourquoi tu diras : Ainsi parle le Seigneur, l'Eternel : Si je les tiens éloignés parmi les nations, Si je les ai dispersés en divers pays, Je serai pour eux quelque temps un asile Dans les pays où ils sont venus. C'est pourquoi tu diras : Ainsi parle le Seigneur, l'Eternel : Je vous rassemblerai du milieu des peuples, Je vous recueillerai des pays où vous êtes dispersés, Et je vous donnerai la terre d'Israël (Ezéchiel 11:16-17).

Dieu appelait Israël 'mon pays' :

> Tu t'avanceras contre mon peuple d'Israël, Comme une nuée qui va couvrir le pays. Dans la suite des jours, je te ferai marcher contre mon pays, Afin que les nations me connaissent, Quand je serai sanctifié par toi sous leurs yeux, ô Gog ! (Ezéchiel 38:16).

En fait, Dieu a donné cette terre à la postérité d'Abraham par l'alliance du sang et cela ne peut changer puisque cette alliance est éternelle. La Bible déclare que Dieu ne se repent ni de Ses dons ni de Ses appelés. Quand Il a donné à Israël c'était pour Israël. Néanmoins, Dieu avait promis deux restaurations d'Israël, si on doit considérer Sa Parole.

La première est celle de soixante-dix ans d'exil, à l'époque de Cyrus, Roi des Perses, sous la direction de Zorobabel, Esdras et Néhémie, lorsque près de 42 360 Israélites étaient retournés dans leur patrie :

> L'assemblée tout entière était de quarante-deux mille trois cent soixante personnes, 65 sans compter leurs serviteurs et leurs servantes, au nombre de sept mille trois cent trente-sept. Parmi eux se trouvaient deux cents chantres et chanteuses (Esdras 2:64-65).

Cette restauration concerne en grande partie l'accomplissement de la prophétie de la venue du Messie, Jésus Christ, Sa naissance à Bethlehem Ephrata et Sa crucifixion sur le Mont du Calvaire à Jérusalem (Golgotha) :

> Et toi, Bethlehem Ephrata, Petite entre les milliers de Juda, De toi sortira pour moi Celui qui dominera sur Israël, Et dont l'origine remonte aux temps anciens, aux jours de l'éternité. C'est pourquoi il les livrera Jusqu'au temps où enfantera celle qui doit enfanter, Et le reste de ses frères Reviendra auprès des enfants d'Israël. Il se présentera, et il gouvernera avec la force de l'Eternel, Avec la majesté du nom de l'Eternel, son Dieu : Et ils auront une demeure as-

surée, Car il sera glorifié jusqu'aux extrémités de la terre (Michée 5:2-4).

A cette époque, Israël était sous l'emprise de Rome. Et le Dieu souverain, maître des temps et des circonstances, omniscient, omniprésent et omnipotent, le Roi des rois, allait protéger l'enfant Jésus car César Auguste avait voté un décret durant cette année pour recenser tous les enfants de sexe masculin qui naîtraient parce qu'il connaissait la prophétie et qu'il avait un plan maléfique contre le bébé naissant :

> En ce temps-là parut un édit de César Auguste, ordonnant un recensement de toute la terre. Ce premier recensement eut lieu pendant que Quirinius était gouverneur de Syrie. Tous allaient se faire inscrire, chacun dans sa ville. Joseph aussi monta de la Galilée, de la ville de Nazareth, pour se rendre en Judée, dans la ville de David, appelée Bethléhem, parce qu'il était de la maison et de la famille de David, afin de se faire inscrire avec Marie, sa fiancée, qui était enceinte. Pendant qu'ils étaient là, le temps où Marie devait accoucher arriva, et elle enfanta son fils premier-né. Elle l'emmaillota, et le coucha dans une crèche, parce qu'il n'y avait pas de place pour eux dans l'hôtellerie (Luc 2:1-7).

L'enfant qui était né d'une vierge était Jésus, ce qui permit l'accomplissement d'une vieille prophétie. Daniel avait prophétisé sur l'endroit où Jésus Christ serait mis à mort ; il avait également parlé de sa reconstruction et de sa seconde destruction en l'appelant 'ville sainte'.

> Soixante-dix semaines ont été fixées sur ton peuple et sur ta ville sainte, pour faire cesser les transgressions et mettre fin aux péchés, pour expier l'iniquité et amener la justice éternelle, pour sceller la vision et le prophète, et pour oindre le Saint des saints. Sache-le donc, et comprends ! Depuis le moment où la parole a annoncé que Jérusalem sera rebâtie jusqu'à l'Oint, au Conducteur, il y a sept semaines ; dans soixante-deux semaines, les places et les fossés seront rétablis, mais en des temps fâcheux. Après les soixante-deux semaines, un Oint sera retranché, et il n'aura pas de successeur. Le peuple d'un chef qui viendra détruira la ville et le sanctuaire, et sa fin arrivera comme par une inondation ; il est arrêté que les dévastations dureront jusqu'au terme de la guerre (Daniel 9:24-26).

Pareillement, Luc confirma ce fait :

> Jésus prit les douze auprès de lui, et leur dit : Voici, nous montons à Jérusalem, et tout ce qui a été écrit par les prophètes au sujet du Fils de l'homme s'accomplira. Car il sera livré aux Païens ; on se moquera de lui, on l'outragera, on crachera sur lui, et, après l'avoir battu de verges, on le fera mourir ; et le troisième jour il ressuscitera. Mais ils ne comprirent rien à cela ; c'était pour eux un langage caché, des paroles dont ils ne saisissaient pas le sens (Luc 18:31-34).

Toute la prophétie sur Jésus Christ fut accomplie. Les enfants d'Israël furent restaurés dans leur patrie comme l'avait déclaré le prophète ; et, après avoir rejeté leur Messie parce qu'ils ne l'avaient pas compris ou reconnu conformément à la prophétie selon laquelle la grâce serait rendue aux nations, ils s'étaient de nouveau dispersés parmi les nations. Une fois de plus, cela fait d'Israël une nation prophétique dont l'avenir n'est pas caché aux yeux de Dieu. Il a toujours proclamé à l'avance ce qui arriverait.

Quand ce qu'Il a promis s'accomplit, nul ne peut le révoquer. C'est la raison pour laquelle toute chair doit glorifier le Seigneur car Il a promis la fin de toute chose et le jugement de chaque être. La Bible dit que si vous entendez Sa voix n'endurcissez pas vos cœurs. De plus, l'apôtre Jean déclare : "car Dieu a aimé tant le monde et qu'il a donné son fils unique afin que celui qui croit en lui ne périsse pas mais qu'il ait la vie éternelle," tandis que Paul affirme ceci : "Dieu n'aime pas la mort d'un pécheur."

Pour clore ce paragraphe, il est important d'évoquer Pierre qui insiste sur le fait que la fin est certaine. Si elle tarde à venir, c'est parce que Dieu use de patience envers celui qui ne le connaît pas encore. Tournons nos regards vers Lui car, de la même manière qu'Il a restauré Israël, Il restaurera la race humaine et la terre, car Il l'a promis, aussi, Il le fera.

Portrait 9

ISRAËL, NATION PROPHÉTIQUE À CAUSE DE SA RESTAURATION FINALE

Le but de la première restauration était d'accomplir la prophétie concernant la naissance, la vie et la mort de Jésus Christ. La seconde restauration s'est réalisée en 1948. Il a fallu deux guerres mondiales pour convaincre les Juifs de retourner dans leur patrie.

Après la Première Guerre Mondiale, le 2 Novembre 1917, A. J. Balfour fit une déclaration devant l'ONU indiquant que la Grande Bretagne allait supporter l'établissement d'un état juif en Palestine. Cette déclaration est connue sur le nom de 'Déclaration de Balfour' :

> *Cher Lord Rothschild,*
> *J'ai le plaisir de vous adresser, au nom du gouvernement de Sa Majesté, la déclaration ci-dessous de sympathie avec les aspirations sionistes, soumise au cabinet et approuvée par lui.*
> *Le gouvernement de Sa Majesté regarde favorablement l'établissement en Palestine d'un foyer national pour le peuple Juif et emploiera tous ses efforts pour faciliter la réalisation de cet objectif, étant entendu que rien ne sera fait qui puisse porter atteinte soit aux droits civils et religieux des communautés non juives existant en Palestine, soit aux droits et au statut politiques dont les Juifs disposent dans tout autre pays.*
> *Je vous serais obligé de porter cette déclaration à la connaissance de la Fédération sioniste.*

La Palestine était prête, selon la prophétie, au retour des Juifs mais eux-mêmes n'étaient pas encore prêts de retourner en Palestine pour de multiples raisons, entre autres, l'aisance et la richesse qu'ils avaient acquises dans leurs pays d'asile. Comme le processus d'accomplissement du retour était enclenché, celui qui manipule les cœurs des rois, Lui qui établit les gouvernants car la Bible déclare que toute autorité vient de Dieu, suscita Hitler en 1933. Ce dernier aura pour unique priorité de "résoudre le problème juif" plus précisément d'exterminer la race juive. L'histoire le témoigne : plus de six millions des Juifs furent mis à mort ! Ce génocide porte le nom 'd'Holocauste'.

Après la Deuxième Guerre Mondiale et le massacre des Juifs par le régime Nazi, les Juifs commencèrent à comprendre qu'ils devaient rentrer dans leur pays, car ils ne trouvaient la paix nulle part ; ce qu'Hitler avait fait aux Juifs les poussa à retourner dans leur patrie. Ce qu'ils appelèrent "Mouvements Sionistes ou Aliyah en hébreu."

Une fois de plus, la prophétie de Dieu, par la voix de son prophète, va s'accomplir :

> On ne verra pas s'accomplir ce que vous imaginez, quand vous dites : Nous voulons être comme les nations, comme les familles des autres pays, nous voulons servir le bois et la pierre. Je suis vivant ! dit le Seigneur, l'Eternel, je régnerai sur vous, à main forte et à bras étendu, et en répandant ma fureur. Je vous ferai sortir du milieu des peuples,

et je vous rassemblerai des pays où vous êtes dispersés, à main forte et à bras étendu, et en répandant ma fureur (Ezéchiel 20:32-34).

Ceci n'est pas une coïncidence car tout a été prédit, et Ésaïe avait également annoncé la seconde et la restauration finale d'Israël après l'Holocauste.

> Dans ce même temps, le Seigneur étendra une seconde fois sa main, Pour racheter le reste de son peuple, Dispersé en Assyrie et en Egypte, A Pathros et en Ethiopie, A Elam, à Schinear et à Hamath, Et dans les îles de la mer. 12 Il élèvera une bannière pour les nations, Il rassemblera les exilés d'Israël, Et il recueillera les dispersés de Juda, Des quatre extrémités de la terre (Ésaïe 11:11-12).

Esaïe avait prédit le retour des exilés en Israël par la voie aérienne alors que l'avion n'avait pas encore été inventé. Les Juifs vivant en Turquie travaillaient dans des champs et n'avaient jamais vu un avion de leur vie, mais quand ils aperçurent ce petit porteur venu pour les ramener chez eux, ils se posèrent beaucoup de questions. C'est alors qu'ils se souvinrent de la prophétie d'Esaïe. Ils retournèrent à Sion.

Effectivement, Esaïe avait précisé qu'ils retourneraient par avion et en bateau avec leur argent et leur or. Il avait même prédit que leurs murs seraient construits par des étrangers. Ayant personnellement vécu en Israël pendant plusieurs années, j'ai pu voir s'accomplir une partie de la prophétie d'Esaïe : les personnes qui ont construit Israël sont les Palestiniens, les Roumains, les Russes, les Nigériens ou originaires de plusieurs autres nations de l'Europe de l'Est et de l'Europe l'Ouest.

a) Retour Par avion

> Qui sont ceux-là qui volent comme des nuées, Comme des colombes vers leur colombier ? (Esaïe 60:8).

b) Retour Par bateau

> Car les îles espèrent en moi, Et les navires de Tarsis sont en tête, Pour ramener de loin tes enfants, Avec leur argent et leur or, À cause du nom de l'Eternel, ton Dieu, Du Saint d'Israël qui te glorifie (Esaïe 60:9).

c) Israël sera construit par l'étranger.

> Les fils de l'étranger rebâtiront tes murs, Et leurs rois seront tes serviteurs ; Car je t'ai frappée dans ma colère, Mais dans ma miséricorde j'ai pitié de toi (Esaïe 60:10).

Alors qu'il n'y avait pas encore d'avion, Dieu qui connaît toute chose à l'avance savait que l'avion serait inventé, et ce dernier permettrait à Israël de retourner chez lui pour la seconde et dernière restauration car après cela, Dieu ne prévoit plus de dispersion. Donc, il n'y aura pas d'autre restauration ni destruction.

> Je ramènerai les captifs de mon peuple d'Israël ; Ils rebâtiront les villes dévastées et les habiteront, Ils planteront des vignes et en boiront le vin, Ils établiront des jardins et en mangeront les fruits. 15 Je les planterai dans leur pays, **Et ils ne seront plus arrachés du pays que je leur ai donné, Dit L'Eternel, ton Dieu** (Amos 9:14).

La deuxième restauration du peuple juif dans leur pays est la preuve de la véracité et de l'infaillibilité de la Parole de Dieu (La Bible) et de la démonstration de Sa puissance et de Sa fidélité.

Certains pourraient remettre en question la deuxième restauration en affirmant qu'elle n'est pas l'œuvre de Dieu, mais celle des politiciens sionistes tels que Theodore Herzl, David Ben Gourion ainsi que d'autres sionistes qui ont permis le retour du peuple juif dans leur patrie. Il faut toutefois rappeler que Dieu use de la volonté des hommes pour accomplir ses desseins. Il les a choisis de la même manière qu'Il avait choisi Moïse ou Aaron pour faire sortir Israël d'Egypte.

> Je suis descendu pour le délivrer de la main des Egyptiens, et pour le faire monter de ce pays dans un bon et vaste pays, dans un pays où coulent le lait et le miel, dans les lieux qu'habitent les Cananéens, les Héthiens, les Amoréens, les Phéréziens, les Héviens et les Jébusiens. Voici, les cris d'Israël sont venus jusqu'à moi, et j'ai vu l'oppression que leur font souffrir les Egyptiens. Maintenant, va, je t'enverrai auprès de Pharaon, et tu feras sortir d'Egypte mon peuple, les enfants d'Israël (Exode 3:8-10).

Dieu a toujours utilisé les hommes pour accomplir ses desseins sur la terre. Ainsi, après la première dispersion, Il avait utilisé un roi païen, Cyrus (roi des Perses), pour ramener Israël dans sa patrie.

> La première année de Cyrus, roi de Perse, afin que s'accomplît la parole de l'Eternel prononcée par la bouche de Jérémie, l'Eternel réveilla l'esprit de Cyrus, roi de

> Perse, qui fit faire de vive voix et par écrit cette publication dans tout son royaume : Ainsi parle Cyrus, roi des Perses : L'Eternel, le Dieu des cieux, m'a donné tous les royaumes de la terre, et il m'a commandé de lui bâtir une maison à Jérusalem en Juda. Qui d'entre vous est de son peuple ? Que son Dieu soit avec lui, et qu'il monte à Jérusalem en Juda et bâtisse la maison de l'Eternel, le Dieu d'Israël ! C'est le Dieu qui est à Jérusalem. Dans tout lieu où séjournent des restes du peuple de l'Eternel, les gens du lieu leur donneront de l'argent, de l'or, des effets, et du bétail, avec des offrandes volontaires pour la maison de Dieu qui est à Jérusalem. Les chefs de famille de Juda et de Benjamin, les sacrificateurs et les Lévites, tous ceux dont Dieu réveilla l'esprit, se levèrent pour aller bâtir la maison de l'Eternel à Jérusalem (Esdras 1:1-5).

Quand Dieu a voulu racheter l'humanité, Il s'est servi de Satan pour verser le sang de Jésus ; Il a donné une vision à Joseph qu'il règnerait sur toute sa famille. Mais avant cela, Joseph avait été vendu par ses propres frères sans que ces derniers eussent la connaissance du plan de Dieu. Ainsi la Bible déclare : "Quand il approuve les voix d'une personne, il dispose à son égard même ses ennemis." Aujourd'hui, Dieu se manifeste par l'esprit sioniste pour accomplir ce qu'Il avait promis par la bouche de ses serviteurs, les prophètes. Ainsi, le but de la deuxième et ultime restauration d'Israël permet l'accomplissement de deux grandes choses :

1. Préparer la bataille d'Armageddon

> Dans le livre de Révélation il est écrit : Le sixième versa sa coupe sur le grand fleuve, l'Euphrate. Et son eau tarit, afin que le chemin des rois venant de l'Orient fût préparé. Et je vis sortir de la bouche du dragon, et de la bouche de

> la bête, et de la bouche du faux prophète, trois esprits impurs, semblables à des grenouilles. Car ce sont des esprits de démons, qui font des prodiges, et qui vont vers les rois de toute la terre, afin de les rassembler pour le combat du grand jour du Dieu tout-puissant. Voici, je viens comme un voleur. Heureux celui qui veille, et qui garde ses vêtements, afin qu'il ne marche pas nu et qu'on ne voie pas sa honte ! Ils les rassemblèrent dans le lieu appelé en hébreu Armageddon (Apocalypses 16:12-16).

Armageddon : montagne de Megiddo, champ de bataille prophétique où les rois du monde entier se rassembleront pour faire la guerre au grand jour de l'Eternel. Et quand cela se réalisera le Seigneur de gloire, Jésus Christ, le Messie, viendra de nouveau sur la terre :

> Voici, le jour de l'Eternel arrive, Et tes dépouilles seront partagées au milieu de toi. Je rassemblerai toutes les nations pour qu'elles attaquent Jérusalem ; La ville sera prise, les maisons seront pillées, et les femmes violées ; La moitié de la ville ira en captivité, Mais le reste du peuple ne sera pas exterminé de la ville. L'Eternel paraîtra, et il combattra ces nations, Comme il combat au jour de la bataille. Ses pieds se poseront en ce jour sur la montagne des oliviers, Qui est vis-à-vis de Jérusalem, du côté de l'orient ; La montagne des oliviers se fendra par le milieu, à l'orient et à l'occident, Et il se formera une très grande vallée : Une moitié de la montagne reculera vers le septentrion, Et une moitié vers le midi (Zacharie 14:1-4).

2. L'enlèvement de l'Eglise et le retour du Christ

Il est nécessaire de rappeler que le retour du Christ est proche, pour enlever l'Église et que la grâce se tourne vers les Juifs car

Dieu ne traite pas avec Israël à l'extérieur de sa patrie ou de ses terres. C'est pour cela qu'ils les ramènent chez eux. A noter aussi que Dieu ne traite pas simultanément avec Israël et les nations, raison pour laquelle on appelle Israël l'horloge de Dieu car quand Dieu traite avec Israël, Il fixe le temps, ce qui n'est pas le cas avec les nations.

La seconde venue de Jésus se produira dans les airs pour enlever l'Église mais celle dont nous parlons ici c'est la seconde venue de Jésus sur la terre pour juger et mettre fin à la misère de l'Église et d'Israël.

La survivance d'Israël à travers les âges prouve l'existence de Dieu. Considérant ce fait, il serait avantageux de faire la paix avec Dieu, car la grâce est encore là. Il y aura un temps où les hommes auront soif de la Parole mais elle ne sera plus là, Dieu use de la patience enfin que nous puissions tous être sauvés.

> Voici, les jours viennent, dit le Seigneur, l'Eternel, Où j'enverrai la famine dans le pays, Non pas la disette du pain et la soif de l'eau, Mais la faim et la soif d'entendre les paroles de l'Eternel. Ils seront alors errants d'une mer à l'autre, Du septentrion à l'orient, Ils iront çà et là pour chercher la parole de l'Eternel, Et ils ne la trouveront pas. En ce jour, les belles jeunes filles et les jeunes hommes mourront de soif (Amos 8:11-13).

Dieu existe, et si vous cherchez la preuve de Sa Parole et de Son existence, ils sont évidents : si les statistiques sont vraies, les Juifs représentent plus ou moins 1% de l'humanité. Cependant, on ne fait que les écouter ou entendre parler d'eux, jour après jour. Les Juifs sont capables de rivaliser en gloire avec les peuples puissants, les races puissantes sur la richesse, l'économie, le commerce, la culture ou l'art. Leur contribution à la liste des grands noms de la science, de la littérature, de la musique, des arts et de la médecine est extraordinaire, eu égard au nombre de leur population. Ils peuvent être considérés comme les meilleurs dans ce monde s'il faut prendre en compte le nombre de batailles et d'ennemis qu'ils ont rencontrés dans leurs parcours. Il faut reconnaître qu'on ne peut les arrêter. Pas parce qu'ils sont très forts ou spéciaux tout simplement parce qu'ils ont un Dieu très fort et spécial. C'est l'unique différence entre ce peuple et les autres peuples. C'est pourquoi nous devons faire le bon choix car le Dieu des Juifs est le Dieu de l'univers ; Il peut devenir Votre Dieu si vous as la foi en Jésus Christ car Il dit : "Elle est venue chez les siens, et les siens ne l'ont point reçue. Mais à tous ceux qui l'ont reçue, à ceux qui croient en son nom, elle a donné le pouvoir de devenir enfants de Dieu, lesquels sont nés, non du sang, ni de la volonté de la chair, ni de la volonté de l'homme, mais de Dieu" (Jean 1:11-13).

Nous savons que beaucoup de peuples ont connu la gloire dans le monde, mais beaucoup aussi ont connu le déclin. Les Egyptiens, les Babyloniens et les Perses, les Grecs et les Romains ont fait du bruit à leurs époques respectives. Aujourd'hui, il n'y a que l'histoire et des monuments pour attester de leur existence. Tout a disparu, leur richesse et leur gloire. Cependant, les Juifs sont encore présents et ne disparaissent pas ; non parce qu'ils sont nombreux, mais parce qu'avec leur Dieu, ils sont majoritaires, invincibles et puissants.

Portrait 10

ISRAËL, ÉTAT PROPHÉTIQUE À CAUSE DES ÉVÉNEMENTS PASSÉS, PRÉSENTS ET FUTURS

Quand nous parlons d'Israël spirituellement, il s'agit de l'Église, car toutes ses expériences physiques aujourd'hui sont appliquées sur le plan spirituel, pour l'Église. Cependant, nous devons reconnaître que, bien qu'Israël soit un outil didactique utilisé par Dieu pour nous enseigner Sa personne, Sa puissance et Son amour, cela n'exclut pas l'Israël physique.

Dieu avait promis, par l'alliance du sang, de rester en relation avec les descendants d'Abraham, Isaac et Jacob, pour toujours. La Bible avait prédit plusieurs événements avant et pendant la période de tribulation en Israël, car une fois de plus Israël jouera un rôle très important jusqu'à la fin des temps. Concernant la fin des temps, le prophète Asaph déclare dans le livre des Psaumes ce qui suit :

> Cantique - Psaume d'Asaph. O Dieu, ne reste pas dans le silence ! Ne te tais pas, et ne te repose pas, ô Dieu ! Car voici, tes ennemis s'agitent, Ceux qui te haïssent lèvent la tête. Ils forment contre ton peuple des projets pleins de ruse, Et ils délibèrent contre ceux que tu protèges. Venez, disent-ils, exterminons-les du milieu des nations, Et qu'on ne se souvienne plus du nom d'Israël ! Ils se concertent tous d'un même cœur, Ils font une alliance contre toi ; Les tentes d'Edom et les Ismaélites, Moab et les Hagaréniens,

> Guebal, Ammon, Amalek, Les Philistins avec les habitants de Tyr ; L'Assyrie aussi se joint à eux, Elle prête son bras aux enfants de Lot. Pause. Traite-les comme Madian, Comme Sisera, comme Jabin au torrent de Kison ! Ils ont été détruits à En-Dor, Ils sont devenus du fumier pour la terre. Traite leurs chefs comme Oreb et Zeeb, Et tous leurs princes comme Zébach et Tsalmunna ! Car ils disent : Emparons-nous Des demeures de Dieu ! (Psaumes 83:1-12).

Par cette ancienne prophétie, les intentions des états islamiques autour d'Israël sont dévoilées : Au verset 4, il est écrit : "Venez, disent-ils, exterminons-les du milieu des nations, Et qu'on ne se souvienne plus du nom d'Israël !" Cela s'est accompli par la bouche du président iranien. Au verset 12 : "leur intention est de s'emparer de la maison de l'Eternel : Car ils disent : Emparons-nous Des demeures de Dieu !" Le Dôme du Rocher est appelé 'Mosquée d'Omar' et il a été construit à l'endroit précis où fut érigé le temple de l'Eternel. Prophétie accomplie !

Une autre prophétie d'Ezéchiel sur les événements qui vont s'accomplir en Israël avant la fin des temps :

> La parole de l'Eternel me fut adressée, en ces mots : Fils de l'homme, tourne ta face vers Gog, au pays de Magog, Vers le prince de Rosch, de Méschec et de Tubal, Et prophétise contre lui ! Tu diras : Ainsi parle le Seigneur, l'Eternel : Voici, j'en veux à toi, Gog, Prince de Rosch, de Méschec et de Tubal ! Je t'entraînerai, et je mettrai une boucle à tes mâchoires ; Je te ferai sortir, toi et toute ton armée, Chevaux et cavaliers, Tous vêtus magnifiquement, Troupe nombreuse portant le grand et le petit bouclier, Tous maniant l'épée ; Et avec eux ceux de Perse,

d'Ethiopie et de Puth, Tous portant le bouclier et le casque ; Gomer et toutes ses troupes, La maison de Togarma, A l'extrémité du septentrion, Et toutes ses troupes, Peuples nombreux qui sont avec toi. Prépare-toi, tiens-toi prêt, Toi, et toute ta multitude assemblée autour de toi ! Sois leur chef ! Après bien des jours, tu seras à leur tête ; Dans la suite des années, tu marcheras contre le pays Dont les habitants, échappés à l'épée, Auront été rassemblés d'entre plusieurs peuples Sur les montagnes d'Israël longtemps désertes ; Retirés du milieu des peuples, Ils seront tous en sécurité dans leurs demeures. Tu monteras, tu t'avanceras comme une tempête, Tu seras comme une nuée qui va couvrir le pays, Toi et toutes tes troupes, et les nombreux peuples avec toi. Ainsi parle le Seigneur, l'Eternel : En ce jour-là, des pensées s'élèveront dans ton cœur, Et tu formeras de mauvais desseins. Tu diras : Je monterai contre un pays ouvert, Je fondrai sur des hommes tranquilles, En sécurité dans leurs demeures, Tous dans des habitations sans murailles, Et n'ayant ni verrous ni portes ; J'irai faire du butin et me livrer au pillage, Porter la main sur des ruines maintenant habitées, Sur un peuple recueilli du milieu des nations, Ayant des troupeaux et des propriétés, Et occupant les lieux élevés du pays. Séba et Dedan, les marchands de Tarsis, Et tous leurs lionceaux, te diront : Viens-tu pour faire du butin ? Est-ce pour piller que tu as rassemblé ta multitude, Pour emporter de l'argent et de l'or, Pour prendre des troupeaux et des biens, Pour faire un grand butin? C'est pourquoi prophétise, fils de l'homme, et dis à Gog : Ainsi parle le Seigneur, l'Eternel : Oui, le jour où mon peuple d'Israël vivra en sécurité, Tu le sauras. Alors tu partiras de ton pays, des extrémités du septentrion, Toi et de nombreux peuples avec toi, Tous montés sur des chevaux, Une grande multitude, une armée puissante. Tu t'avanceras contre mon peuple d'Israël, Comme une nuée qui va couvrir le pays. Dans la suite des jours, je te ferai marcher contre mon pays, Afin que les nations me connaissent, Quand je serai sanctifié par toi sous leurs yeux, ô Gog ! Ainsi parle le Seigneur, l'Eternel : Est-ce toi de qui j'ai parlé jadis Par mes serviteurs les prophètes d'Israël, Qui ont prophétisé alors, pendant des années, Que je t'amènerais contre eux ? En ce jour-là, le jour où Gog marchera contre la terre d'Israël, Dit le Seigneur, l'Eternel, La fureur me montera dans les narines. Je le déclare, dans ma jalousie et dans le feu de ma colère, En ce jour-là, il y aura un grand tumulte Dans le pays d'Israël. Les poissons de la mer et les oiseaux du ciel trembleront devant moi, Et les bêtes des champs et tous les reptiles qui rampent sur la terre, Et tous les hommes qui sont à la surface de la terre ; Les montagnes seront renversées, Les parois des rochers s'écrouleront, Et toutes les murailles tomberont par terre. J'appellerai l'épée contre lui sur toutes mes montagnes, Dit le Seigneur, l'Eternel ; L'épée de chacun se tournera contre son frère. J'exercerai mes jugements contre lui par la peste et par le sang, Par une pluie violente et par des pierres de grêle ; Je ferai pleuvoir le feu et le soufre sur lui et sur ses troupes, Et sur les peuples nombreux qui seront avec lui. Je manifesterai ma grandeur et ma sainteté, Je me ferai connaître aux yeux de la multitude des nations, Et elles sauront que je suis l'Eternel (Ezéchiel 1:1-23).

Lorsqu'on considère ce qu'Ezéchiel avait expérimenté plus de 2600 ans auparavant, cela paraît extraordinaire. On y fait mention des nations qui vont s'allier à Gog pour attaquer Israël :

- Perses : Iran actuel
- Cush : peuple de la race noire (Ethiopie et Soudan)
- Puth : Libye actuelle
- Gomer : Ukraine et l'ancienne URSS
- La maison de Togama : URSS du sud et la Turquie et tant d'autres nations.

Ezéchiel déclare également au verset 8 que cette grande bataille durera plusieurs jours ; ensuite, au verset 16, il est dit qu'à la fin, toutes ces nations connaîtront la défaites par l'intervention divine, au secours d'Israël, et le nom de Dieu sera sanctifié.

Si nous comprenons cette lecture depuis le premier verset, nous constaterons que Dieu contrôle toutes choses, comme Il l'avait dit à Ezéchias par la bouche du prophète Esaïe le jour où il avait été attaqué par Sennachérib, roi d'Assyrie :

> N'as-tu pas appris que j'ai préparé ces choses de loin, Et que je les ai résolues dès les temps anciens ? Maintenant j'ai permis qu'elles s'accomplissent, Et que tu réduisisses des villes fortes en monceaux de ruines (2 Rois 19:25).

Il est l'auteur, l'architecte divin. Rien ne lui échappe. C'est Lui qui est le maître des temps et des circonstances. Nul n'est plus puissant que Lui. Il est le Dieu véritable, l'Eternel Dieu des armées qui combat sans reculer ; Il est les Roi des rois et le Seigneur des seigneurs.

Notre intention n'est pas d'identifier qui est Gog dans cette alliance, car ce sujet sera détaillé dans un prochain livre qui traitera de la vision des soixante-dix semaines de Daniel. Cette bataille est identique à celle d'Armageddon, où les rois de la terre ainsi que leurs armées feront alliance avec la Bête pour mener la guerre contre le Messie et son armée (Zacharie 14:1-4 ; Révélation 16:13-16 et 19:19-20).

Tout étudiant de la Bible sait que plus de la moitié des Ecritures est constituée de prophéties. Si l'on n'étudie pas ou qu'on ne comprend pas une prophétie, cela veut dire que l'on ignore plus de cinquante pour cent des Ecritures. Ainsi, le dernier événement prophétique qui se passera à Jérusalem est mentionné dans le livre de Révélation :

> On me donna un roseau semblable à une verge, en disant : "Lève-toi, et mesure le temple de Dieu, l'autel, et ceux qui y adorent." Mais le parvis extérieur du temple, laisse-le en dehors, et ne le mesure pas ; car il a été donné aux nations, et elles fouleront aux pieds la ville sainte pendant quarante-deux mois. Je donnerai à mes deux témoins le pouvoir de prophétiser, revêtus de sacs, pendant mille deux cent soixante jours. Ce sont les deux oliviers et les deux chandeliers qui se tiennent devant le Seigneur de la terre. Si quelqu'un veut leur faire du mal, du feu sortira de leur bouche et dévorera leurs ennemis ; et si quelqu'un veut leur faire du mal, il faut qu'il soit tué de cette manière. Ils ont le pouvoir de fermer le ciel, afin qu'il ne tombe point de pluie pendant les jours de leur prophétie ; et ils ont le pouvoir de changer les eaux en sang, et de frapper la terre de toute espèce de plaie, chaque fois qu'ils le voudront. Quand ils auront achevé leur témoignage, la bête qui monte de l'abîme leur fera la guerre, les vaincra, et les tuera. Et leurs cadavres seront sur la place de la grande ville, qui est appelée, dans un sens spirituel, Sodome et Egypte, là même où leur Seigneur a été crucifié (Apocalypses 11:1-8).

La Bible préconise que Moïse et Elie reviendront en Israël pour prêcher pendant trois ans et demi, comme ce sont les deux prophètes pour qui les Juifs ont beaucoup d'estime et de respect. Ils reviendront dire aux Juifs que le Messie dont ils attendent la venue n'est autre que Jésus Christ, celui-là même qu'ils avaient percé, rejeté et tué en le crucifiant sur la croix.

> En ce jour-là, Je m'efforcerai de détruire toutes les nations Qui viendront contre Jérusalem. Alors je répandrai sur la maison de David et sur les habitants de Jérusalem un esprit de grâce et de supplication, et ils tourneront les regards vers moi, celui qu'ils ont percé. Ils pleureront sur lui comme on pleure sur un fils unique, Ils pleureront amèrement sur lui comme on pleure sur un premier-né. En ce jour-là, le deuil sera grand à Jérusalem, comme le deuil d'Hadadrimmon dans la vallée de Meguiddon. Le pays sera dans le deuil, chaque famille séparément : La famille de la maison de David séparément, et les femmes à part ; La famille de la maison de Nathan séparément, et les femmes à part ; La famille de la maison de Lévi séparément, et les femmes à part ; La famille de Schimeï séparément, et les femmes à part ; Toutes les autres familles, chaque famille séparément, Et les femmes à part (Zacharie 12:9-14).

Note : Il n'y aura plus d'Evangile pour les nations car la grâce sera rendue aux Juifs. C'est l'action de l'Antéchrist qui se manifestera dans d'autres nations, et l'Église sera enlevée.

> En ce jour-là, dit le Seigneur, l'Eternel, Je ferai coucher le soleil à midi, Et j'obscurcirai la terre en plein jour ; Je changerai vos fêtes en deuil, Et tous vos chants en lamentations, Je couvrirai de sacs tous les reins, Et je rendrai chauves toutes les têtes ; Je mettrai le pays dans le deuil comme pour un fils unique, Et sa fin sera comme un jour d'amertume. Voici, les jours viennent, dit le Seigneur, l'Eternel, Où j'enverrai la famine dans le pays, Non pas la disette du pain et la soif de l'eau, Mais la faim et la soif d'entendre les paroles de l'Eternel. Ils seront alors errants d'une mer à l'autre, Du septentrion à l'orient, Ils iront çà et là pour chercher la parole de l'Eternel, Et ils ne la trouveront pas. En ce jour, les belles jeunes filles et les jeunes hommes mourront de soif (Amos 8:9-13).

Sachez donc que chacune de ces prophéties s'accomplira, le temple sera reconstruit et ne sera plus jamais détruit !

Portrait 11

ISRAËL, ÉTAT PROPHÉTIQUE À CAUSE DE SON SALUT

Zacharie avait prophétisé à propos du salut final d'Israël comme on l'a précédemment mentionné :

> En ce jour-là, Je m'efforcerai de détruire toutes les nations Qui viendront contre Jérusalem.10 Alors je répandrai sur la maison de David et sur les habitants de Jérusalem Un esprit de grâce et de supplication, Et ils tourneront les regards vers moi, celui qu'ils ont percé. Ils pleureront sur lui comme on pleure sur un fils unique, Ils pleureront amèrement sur lui comme on pleure sur un premier-né (Zacharie 12:9-10).

Dans le livre de Romains, Paul nous explique le rôle d'Israël dans le plan de Dieu pour la rédemption et insiste sur le fait que Dieu n'a pas oublié Israël :

> Je dis donc : Dieu a-t-il rejeté son peuple? Loin de là ! Car moi aussi je suis Israélite, de la postérité d'Abraham, de la tribu de Benjamin. Dieu n'a point rejeté son peuple, qu'il a connu d'avance. Ne savez-vous pas ce que l'Ecriture rapporte d'Elie, comment il adresse à Dieu cette plainte contre Israël (Romains 11:1-2).

De même, il nous rappelle que l'incrédulité d'Israël est pour une période bien déterminée afin de permettre aux autres nations d'accéder à la grâce de Dieu.

> Je dis donc : Est-ce pour tomber qu'ils ont bronché ? Loin de là ! Mais, par leur chute, le salut est devenu accessible aux Païens, afin qu'ils fussent excités à la jalousie. Or, si leur chute a été la richesse du monde, et leur amoindrissement la richesse des Païens, combien plus en sera-t-il ainsi quand ils se convertiront tous (Romains 11:11-12).

Puis il confirme que tout Israël sera sauvé quand ils recevront la grâce. Par la prédication de Moïse et d'Elie, il y aura un grand deuil en Israël comme le dit Zacharie et Dieu répandra l'Esprit de grâce sur Israël qui tournera alors son regard vers celui qu'ils ont percé et ils comprendront que c'était leur Messie et tous se convertiront.

> Car je ne veux pas, frères, que vous ignoriez ce mystère, afin que vous ne vous regardiez point comme sages, c'est qu'une partie d'Israël est tombée dans l'endurcissement, jusqu'à ce que la totalité des Païens soit entrée. **Et ainsi tout Israël sera sauvé**, selon qu'il est écrit : Le libérateur viendra de Sion, Et il détournera de Jacob les impiétés ; Et ce sera mon alliance avec eux, Lorsque j'ôterai leurs péchés. En ce qui concerne l'Evangile, ils sont ennemis à cause de vous ; mais en ce qui concerne l'élection, ils sont aimés à cause de leurs pères. Car Dieu ne se repent pas de ses dons et de son appel. De même que vous avez autrefois désobéi à Dieu et que par leur désobéissance vous avez maintenant obtenu miséricorde, **de même ils ont maintenant désobéi, afin que, par la miséricorde qui vous a été faite, ils obtiennent aussi miséricorde.** Car Dieu a renfermé tous les hommes dans la désobéissance, pour faire miséricorde à tous. O profondeur de la richesse, de la sagesse et de la science de Dieu ! Que ses jugements sont insondables, et ses voies incompréhensibles ! Car Qui a connu la pensée du Seigneur, Ou qui a été son conseiller ? Qui lui a donné le premier, pour qu'il ait à recevoir en retour ? C'est de lui, par lui, et pour lui que sont toutes

choses. A lui la gloire dans tous les siècles ! Amen ! (Romains 11:25-36).

Voilà ce qu'on peut donner comme réponse à ceux qui prétendent que Dieu a rejeté Israël et que toutes Ses promesses ne sont faites que pour l'Église ; ce qu'on vient de lire prouve que l'on parle d'Israël aussi bien physique que spirituel pour la dispensation de la grâce.

Portrait 12

ISRAËL, ÉTAT PROPHÉTIQUE À CAUSE DE SA GLOIRE FUTURE

Jérusalem, qui signifie ville de paix, est aujourd'hui source de troubles pour les peuples à travers le monde. Ceci n'est pas un hasard : Zacharie l'avait prophétisé plusieurs années auparavant :

> Oracle, parole de l'Eternel sur Israël. Ainsi parle l'Eternel, qui a étendu les cieux et fondé la terre, Et qui a formé l'esprit de l'homme au dedans de lui : **Voici, je ferai de Jérusalem une coupe d'étourdissement pour tous les peuples d'alentour, Et aussi pour Juda dans le siège de Jérusalem. En ce jour-là, je ferai de Jérusalem une pierre pesante pour tous les peuples** ; Tous ceux qui la soulèveront seront meurtris ; Et toutes les nations de la terre s'assembleront contre elle (Zacharie 12:1-3).

Sur la table de tous les débats politiques, il est question de Jérusalem. On ne passe pas une semaine sans entendre parler de Jérusalem à la télévision. Personne ne semble être prêt à céder une partie de cette ville. Tous les protagonistes veulent l'occuper dans sa totalité. La prophétie dit : "Je ferai de Jérusalem une coupe d'étourdissement ; je ferai de Jérusalem une pierre pesante pour tous les peuples ; Tous ceux qui la soulèveront seront meurtris ; Et toutes les nations de la terre s'assembleront contre elle."

Il y aura un moment où les nations en auront assez, à cause du terrorisme et des richesses du monde arabe. Les nations finiront par faire alliance avec les Arabes car selon la prophétie, Jérusalem ne sera jamais partagée. Plusieurs signes en témoignent : à commencer par le premier ministre israélien Yitzhak Rabin qui osa négocier le partage de Jérusalem. Il fut assassiné en 1995 à Tel-Aviv ; puis au tour d'Ariel Sharon qui osa céder quelques portions des terres aux Palestiniens, mais tomba malade et il se trouve toujours dans le coma jusqu'à ce jour et selon ses médecins, il n'y a point d'espoir qu'il se rétablisse un jour.

Esaïe de son côté va prophétiser la richesse et la construction de la ville. Pendant mon séjour en Israël, à plusieurs reprises j'entendis que la Suisse, l'Allemagne, la Pologne et bien d'autres nations rendaient de l'argent et de l'or à Israël au motif qu'ils appartenaient à leurs ascendants.

> Les fils de l'étranger rebâtiront tes murs, Et leurs rois seront tes serviteurs ; Car je t'ai frappée dans ma colère, Mais dans ma miséricorde j'ai pitié de toi. Tes portes seront toujours ouvertes, Elles ne seront fermées ni jour ni nuit, Afin de laisser entrer chez toi les trésors des nations, Et leurs rois avec leur suite. Car la nation et le royaume qui ne te serviront pas périront, Ces nations-là seront exterminées. La gloire du Liban viendra chez toi, Le cyprès, l'orme et le buis, tous ensembles, Pour orner le lieu de mon sanctuaire, Et je glorifierai la place où reposent mes pieds. Les fils de tes oppresseurs viendront s'humilier devant toi, Et tous ceux qui te méprisaient se prosterneront à tes pieds ; Ils t'appelleront ville de l'Eternel, Sion du Saint d'Israël. Au lieu que tu étais délaissée et haïe, Et que personne ne te parcourait, Je ferai de toi un ornement pour toujours, Un sujet de joie de génération en génération. Tu suceras le lait des nations, Tu suceras la mamelle des rois ;

> Et tu sauras que je suis l'Eternel, ton sauveur, Ton rédempteur, le puissant de Jacob. Au lieu de l'airain je ferai venir de l'or, Au lieu du fer je ferai venir de l'argent, Au lieu du bois, de l'airain, Et au lieu des pierres, du fer ; Je ferai régner sur toi la paix, Et dominer la justice. On n'entendra plus parler de violence dans ton pays, Ni de ravage et de ruine dans ton territoire ; Tu donneras à tes murs le nom de salut, Et à tes portes celui de gloire. Ce ne sera plus le soleil qui te servira de lumière pendant le jour, Ni la lune qui t'éclairera de sa lueur ; Mais l'Eternel sera ta lumière à toujours, Ton Dieu sera ta gloire. Ton soleil ne se couchera plus, Et ta lune ne s'obscurcira plus ; Car l'Eternel sera ta lumière à toujours, Et les jours de ton deuil seront passés. Il n'y aura plus que des justes parmi ton peuple, Ils posséderont à toujours le pays ; C'est le rejeton que j'ai planté, l'œuvre de mes mains, Pour servir à ma gloire. Le plus petit deviendra un millier, Et le moindre une nation puissante. Moi, l'Eternel, je hâterai ces choses en leur temps (Esaïe 60:10-22).

Cette prophétie marquera la fin de temps. Esaïe avait vu Jérusalem dans sa gloire :

> Prophétie d'Esaïe, fils d'Amots, sur Juda et Jérusalem. Il arrivera, dans la suite des temps, Que la montagne de la maison de l'Eternel Sera fondée sur le sommet des montagnes, Qu'elle s'élèvera par-dessus les collines, Et que toutes les nations y afflueront. Des peuples s'y rendront en foule, et diront : Venez, et montons à la montagne de l'Eternel, A la maison du Dieu de Jacob, Afin qu'il nous enseigne ses voies, Et que nous marchions dans ses sentiers. Car de Sion sortira la loi, Et de Jérusalem la parole de l'Eternel. Il sera le juge des nations, L'arbitre d'un grand nombre de peuples. De leurs glaives ils forgeront des hoyaux, Et de leurs lances des serpes : Une nation ne tirera plus l'épée contre une autre, Et l'on n'apprendra plus la guerre (Esaïe 2:1-4).

Une chose est certaine : le Seigneur est proche et si jamais vous ne l'avez pas reçu comme Seigneur et Sauveur vous avez dans cet ouvrage l'occasion de le faire. Romains 10:10 nous fournit la matière pour le salut. Grand est le Dieu d'Abraham, d'Isaac et d'Israël car tout ce qu'Il promet, Il a le pouvoir de l'accomplir. On L'appelle 'Alpha' et 'Omega' parce qu'Il connaît la fin avant le commencement. Qu'Il soit béni éternellement et à jamais. Amen !